教育部2017年度高校示范马克思主义学院和优秀教学科研团队建设重点项目
“思想政治理论课教学改革研究”（项目批准号：17JDSZK037）

文化创新发展实践丛书

刘洪一 主编

立德树人

德育课情境模拟实验创新研究

刘洪一 主编　孙婷婷 傅鹤鸣 罗石 副主编

中国社会科学出版社
南开大学出版社

图书在版编目（CIP）数据

立德树人：德育课情境模拟实验创新研究／刘洪一主编．
—天津：南开大学出版社；北京：中国社会科学出版社，2020.12
（文化创新发展实践丛书／刘洪一主编）
ISBN 978-7-310-06097-9

Ⅰ．①立… Ⅱ．①刘… Ⅲ．①高等学校—德育—研究—中国
Ⅳ．①G641

中国版本图书馆 CIP 数据核字(2021)第 010901 号

立德树人
德育课情境模拟实验创新研究
LI DE SHU REN
DE YU KE QING JING MO NI SHI YAN CHUANG XIN YAN JIU

南开大学出版社
中国社会科学出版社 出版发行
出版人：陈　敬　赵剑英
地址：天津市南开区卫津路 94 号　　邮政编码：300071
营销部电话：(022)23508339　营销部传真：(022)23508542
http://www.nkup.com.cn

北京君升印刷有限公司　全国各地新华书店经销
2020 年 12 月第 1 版　　2020 年 12 月第 1 次印刷
240×170 毫米　16 开本　16 印张　194 千字
定价：79.00 元

如遇图书印装质量问题，请与本社营销部联系调换，电话：(022)23508339

新时代大学文化建设的问题背景与实施路径（代序）

刘洪一

习近平总书记在党的十九大报告中提出，文化自信是一个国家、一个民族发展中更基本、更深沉、更持久的力量。大学文化也是一所大学最本质的标识和最深层的内核。缺乏文化自信的民族难以立足于世界民族之林，缺乏鲜明文化标识的大学也必然难以成为世人尊敬的好大学。在推进新时代中国高等教育的快速发展过程中，必须高度重视大学文化建设。

一　新时代要强调大学文化建设

进入新时代以来，伴随“双一流大学”的建设进程，中国高等教育也取得快速进步。不论是高校数量及在校生规模、高校科研人员数量及学术论文发表篇数，还是中国高校的国际排名，都得到显著提升。据统计显示，中国高等教育毛入学率超过世界平均水平，高校毕业生位居世界第一；高校承担国家自然科学基金面上项目接近 80%，产生哲学社会科学成果占全国 80% 以上。

中国已经从高等教育的小国成长为高等教育的大国，也正在向高等教育的强国迈进。然而，在看到这些成绩的同时，我们也必须清醒地认识当前中国高等教育所面临的深层次问题。在有的高校，存在竞技化、功利化、碎片化等现象，教师队伍底线意识缺失。有的高校，在发展中重数量轻质量、重科研轻教学、重规模轻内涵、重智育轻德育、重业务轻党建。

大学文化建设不仅有助于塑造一所大学独特的气质和灵魂，还有助于矫治当前高等教育领域出现的诸多问题。通过大学精神、立德树人、师德师风、学术文化以及政治文化建设等具体文化建设，有助于纠正当前高校发展中的急功近利、追求速度规模忽视质量效益等现象，推动新时代高等教育的健康发展。基于上述认识，深圳大学于 2017 年 9 月出台《深圳大学文化创新发展纲要》，提出大学文化建设的“十大工程”，致力于将深圳大学建成文化自信的“排头兵”、文化立校的典范、城市文化的风标和先进文化的策源地，努力打造一所“有灵魂的大学”。深圳大学于 2018 年 7 月的第五次党代会又提出“文化引领、创新驱动、内涵发展”发展理念，努力争取在大学文化创新发展方面作出特区高校的探索。

二　以大学文化建设为动力　落实立德树人根本任务

习近平总书记指出：“要把立德树人的成效作为检验学校一切工作的根本标准，真正做到以文化人、以德育人。”以文化人与以德育人是相互融通和协同互促的关系。通过大学精神的传承和弘扬，大学育人氛围的培育和塑造进而实现以文化人、以文育人的目标任务。

大学文化是一所大学的深层内核，而大学精神又是大学文化的深层内核。大学精神是一所大学经过历史积淀而形成的独特气质，是一所大学的灵魂所在，对于广大师生具有强烈的感召能力和潜移默化的教育效果。深圳大学把凝练和践行大学精神作为立德树人的重要途径。通过开展“深大精神”系列主题辩论赛，让“自立自律自强”的校训精神深入广大师生；将“脚踏实地、自强不息”的办学理念与学院办学育人特色相结合凝练学院精神。通过创设独具特色的典礼制度来更好地传承大学精神，在学校重要活动的仪式和程序体现大学精神内涵，增加活动的庄重感和荣誉感。通过开展践行大学精神的系列活动，组织多层次主题讨论、学科竞赛、文艺展演、学术沙龙、座谈研讨、名师访谈和校史梳理等活动，让深大精神内化于心外化于形，增进师生的归属感和认同感。

构建全方位的育人环境是高校立德树人的重要途径。构建全方位的育人环境需要发挥课堂教学、典型示范、社会实践、志愿服务、社会协同的综合效应，需要将核心价值、思政教学、素质教育有机结合起来。深圳大学实施“荔园树人”工程、“青年马克思主义者”培养工程，开展“我的中国梦——立志修身博学报国”主题教育系列活动、“自立、自律、自强”主题升旗仪式等活动来践行社会主义核心价值观。将思政课教学与校园文化活动、社区建设等校园实践紧密结合，与双休日及暑期社会实践、志愿者服务等社会实践无缝对接，将思政小课堂拓展到社会大课堂。作为“全国深化创新创业教育改革示范高校”，深圳大学将创新创业教育全面纳入人才培养计划，牵头组建“中国地方高校深创联盟”、深港大学生创新创业基地等协同育人平台，常态化开展创新创业主旋律活动，为社会培养创新创业人才。

三　以大学文化建设为路径　推进内涵式发展

内涵式发展要求高等教育领域摈弃片面追求速度、规模，乃至急功近利的发展模式，聚焦高等教育立德树人的初心本位。内涵式发展既要求中国高等教育发展理念及时转变，也要求各高校及时调整发展路径模式。推动高校朝向内涵式发展的路径转变，尤其需要突出师德师风、学术文化和高校党建等项工作的建设。

良好的师德师风要求教师具有高尚的情怀、清正的节操、卓越的学识，要关心学生热爱讲台，让讲台成为教师人生出彩的大舞台，也要求引导广大教师以德立身、以德立学、以德施教。深圳大学构建师德师风档案、行师德师风一票否决制；同时，把师德规范要求融入人才引进、课题申报、职称评审、考核晋升等各环节。密切师生关系，通过“书记下午茶”、“校长午餐会”、“每月一席谈”、学生顾问团等制度渠道，不断提升广大同学参与学校民主管理的积极性。升级“聚徒＋”教育模式，通过“聚徒＋创研”、“聚徒＋实践”、“聚徒＋创客”和“聚徒＋悦读”四大模块，以“师带徒”模式提供师生直接交流的平台，实现学术经验传承。

学术文化的导向决定着学术创新的方向和结果。破除当前高校科研出现的泡沫化、竞技化和功利化取向，需要倡导顶天立地育人的学术文化，即以服务国家战略和社会需求为宗旨，突出源头创新，强化经世致用，注重科学研究与人才培养紧密结合。鼓励原创性研究，摒弃跟班式、无病呻吟式研究；鼓励研以致用，摒弃沽名钓誉式、学术泡沫式研究；鼓励潜心治学，反对急功近利型、唯利是图型研究。深圳大学围绕大数据、光电工程、脑科学等形成重大科研团队，组织协同集成攻关，力求基础原创突破。学校还与八个地方政府建立集约型科技成果孵化平台，将高校科研成果第一时间集中投放到产业发展的最前端，着力发挥对区域产业创新驱动的引擎作用；与腾讯、华为等顶尖企业签订合作协议，开展前沿项目攻关、共建重点实验室，设立研究生校外实践基地等，形成在技术创新、项目开发、人才培养等领域的全方位深度合作。深圳大学提倡将科研成果转化成教学内容，要求所有教授为本科生上课，各级各类实验室都必须向本科教学开放，促进科研与教学的深度融合。

政治文化建设是大学文化建设的重要组成，也是高校内涵式发展的保障。习近平总书记在全国教育大会上指出，“各级各类学校党组织要把抓好学校党建工作作为办学治校的基本功，把党的教育方针全面贯彻到学校工作各方面”。社会主义的办学方向要求高校必须贯彻党委领导下的校长负责制，明确党委管党治党、办学治校主体责任。深圳大学着力加强政治文化建设，以制度建设为中心，健全校党委校行政议事规则，健全学院（部）党政联席会议规则；推动党建工作常态化制度化，认真开展党委常委会、理论中心组学习、基层党组织书记例会、基层党建书记项目、基层党建工作述职评议等各项党建工作。健全学院（部）集体领导、党政分工合作、协调运行的工作机制，强化学院（部）党政领导班子“党政同责”和“一岗双责”意识，把党建工作责任制落实落细。扎实推进“双带头人”培育工程，设立“双带头人”教师党支部书记工作室；做好基层党组织书记党建述职评议考核，开展“书记项目”和党建研究课题，把高校党建工作做实做细。

四　突出虚功实做，扎实推进大学文化建设落地生根

大学文化内涵的积淀、传承与创新非一日之功。与高校的科研、教学、招生等工作相比，大学文化建设往往被视为相对软性和虚空的工作。在具体推进大学文化建设过程当中，需要关注具体的策略和路径，否则极易流于形式和口号，难以取得切实的成果。

突出系统设计，把大学文化建设融入办学治校的全过程整体推进。大学文化不等同于大学精神，它有着更为宽泛的内涵，是管党治党、办学治校的顶层设计与宏观规划，应当渗透大学治理的各个层面。深圳大学将大学文化建设作为一条主线，贯穿于大学精神与立德树人、师德师风与学术文化、校友文化与环境文化、社科与艺术、党建工作与思政工作等具体文化建设内容，成为指导各项工作的核心理念。大学文化建设统筹教师与学生、教学与科研、文科与理科，让广大师生和各院系广泛参与到文化建设当中来。

细化项目实施，扎实推进大学文化建设。大学文化建设必须有虚有实，有理念有规划，有措施有结果，需要虚功实做，把“软指标”变成“硬约束”。要善于把大学文化建设通过项目化的方式加以分解实施，要广泛动员机关处室、各个学院和广大师生共同参与，努力营造浓厚的文化建设氛围。自 2017 年 9 月《深圳大学文化创新发展纲要》出台以来，全校各部门、各学院凝心聚力，紧抓落实，协同推进。学校将大学精神、立德树人、师德师风、学术文化、人文社科、艺术体育、校友文化、环境平台、文化传播、政治文化等“十大文化工程”分解为 35 项基本任务、191 项具体任务，落实到全校 50 家文化建设单位。每项工

程都沿着“出发点/着眼点—路径/方略—目标/愿景—举措抓手”的逻辑次序演进和实际工作部署，从“虚”（理念）出发，以“实”落地，以项目化管理方式驱动达成任务目标。此外，深圳大学还加强对文化建设项目明确的考核要求和绩效评价，年初签订建设责任书，年中、年末分别进行项目建设评估，将文化建设的战略目标、任务和动力传导到各承建单位；将各单位文化创新绩效评估结果与年终绩效、资源配置和领导班子任职考核挂钩，强化责任意识和执行力，确保文化建设的成果实实在在。

进入新时代，党和国家对高等教育发展提出新的更高要求。作为“特区大学、窗口大学、实验大学”，深圳大学应不负使命，在发展的过程中始终坚持立足特区、放眼全国、面向世界。当前，深圳大学迎来了粤港澳大湾区建设和深圳建设中国特色社会主义先行示范区的历史发展契机，正朝着建设与“双区”相匹配的高水平大学迈进。深圳大学将坚持文化引领、创新驱动、内涵发展，以一流的大学文化引领和贯穿建设人民满意的高水平特区大学建设发展全过程。

深圳大学《文化创新发展实践丛书》是对《深圳大学文化创新发展纲要》实施两年来的成果回顾和理论总结。其中，《荔园记忆：深圳大学建设者访谈录》是对深大建校历史的追根溯源，《荔园红旗：高校党的全面领导实践探索》着眼于高校党建的薪火相传；《以文化人：学生思想政治工作成果集萃》反映立德树人的初心坚守，《荔园师说：研究生导师文化解读》展开师德师风价值对话；《立德树人：德育课情境模拟实验创新研究》是对思政课主渠道的鲜活创新，《双创领航：创新创业教育改革路径探析》是对创新创业教育的崭新探索，《让梦起飞：学生辅导文化剪影》是为青年学子搭建梦想舞台。深圳大学《文化创新发展实践丛书》对落实立德树人、推进内涵发展、巩固党对高校领导等重要问题做了深入调研和理性思考，对于推动新时代大学文化建设、矫治高等教育发展深层问题，具有较强的现实意义和理论价值，希望能为广大读者提供一定的启发和借鉴。

2020 年 6 月

序

——深圳大学思想政治理论课情境模拟实验教学改革的探索与实践

2019 年 3 月 18 日，习近平总书记在主持召开学校思想政治理论课教师座谈会时指出，思想政治理论课是落实立德树人根本任务的关键课程，思想政治理论课作用不可替代，思想政治理论课教师队伍责任重大，鼓励思想政治理论课教师认真研究马克思主义理论的教学规律，推动学校思想政治工作创新发展，不辜负党的嘱托、人民的期待和学生的期盼。习近平总书记的重要论述，为当前我们加强和改进高校思想政治工作提供了根本依循，指明了前进方向。

一

化约而言，思想政治理论课课程本性属“双化”课程，它需要相关人员具有“双化”的艺术。具体说来，一方面，思想政治理论课要将社会生活中方方面面的具体问题抽象化，这着实检验思想政治理论课课程体系设计者和教材体系的编撰者的智慧和水平。即设计者和编撰者务必对我国政治、经济、文化、社会和世情、党情、国情、民情等这些具体领域、具体内容、具体问题有深刻的洞悉和精准的判断，在此基础上进而进行多次理论抽象，并使之有机形成一个科学完整的思想政治理论课课程体系与教材体系。另一方面，思想政治理论课要将抽象的问题具体化，这考验思想政治理论课教师的实力和水平。即思想政治理论课教师在面对高度抽象化的课程体系与教材体系时，务必尽其所能和可能地调动自己的知识积累与生活积累，对课程体系和教材体系中抽象的原则和原理进行反复微分和具体化，并努力使之还原成学生们喜闻乐见的生活世界与生活场景。

由此不难得出如下结论：看起来容易但真正弄懂极难，是思想政治理论课的一大特点。因为就思想政治理论课课程文本而论，大都是一些抽象的原则和原理，乍一看像通俗易懂的政治要求与政策文件，大而化之，似乎识字就行，没什么难处。但须知，在我们国家高等教育中，这些抽象的原则原理真实的、具体的含义和意义却是通过对我国政治经济文化社会、世情党情国情民情等具体领域和具体问题中抽象出来的，因此，若对我国政治经济文化社会和世情党情国情民情没有系统全面和较深入的了解，根本不可能弄通弄懂思想政治理论课教材所承载的时代精神与内在本质。所以，那些不能将思想政治理论课教材中抽象的原则原理还原于时下中国社会生活中活生生的具体情景与具体问题的人，实在是很难胜任思想政治理论课教师这个看似容易实则艰难的岗位，否则极有可能误自己、误学生，甚至害社会、害国家。

二

有个事实必须承认，尽管高校思想政治理论课一直受到从上至下特别是中央的高度重视，但其教学效果还不太理想又是比较普遍的现象。从教学方法上看，长期以来，口头传授式教学是高校思想政治理论课最主要甚至是唯一的课堂教学方法。不可否认，这种教学方法在传授知识、阐释理论、引导观念、塑造品行等方面发挥着积极和主要的作用。但也必须看到，这种教学方法在不同程度上还普遍存在着单一灌输、内容枯燥、理论与实际脱节、缺乏有效互动、感性体验不足等缺陷，明显影响了教学效果。鉴于此，有效改进思想政治理论课教学也是从上至下特别是广大教师和学生的普遍期待。

根据前述的思想政治理论课“双化”课程性质，我们不难得出如下判断，即思想政治理论课教师用什么样的方法将思想政治理论课抽象化的课程内容“还原成”学生的具体生活世界与生活场景，这在一定意义上决定了思想政治理论课教师的教学能力与水平。为此，深圳大学思想政治理论课教师秉承特区大学、窗口大学、实验大学敢闯敢试敢为天下先的精神，自 2007 年开始积极进行教学方法改革，探索以情境模拟实验教学方法来实现将思想政治理论课课程内容“还原成”学生具体生活世界与生活场景的教学方法改革，并成立了深圳大学思想政治理论课情境模拟实验教学中心。

十多年来，中心始终秉持以实验教学为有效手段，积极促进学生知识、能力、素质协调发展，显著提升了思想政治理论课实效性的基本理念，大胆探索，勇于实践，首创全国高校思想政治理论课实验教学和实验机构，该中心目前也是广东省高校思想政治理论课教学示范中心。目前，“中心”包括两个实验室：“思想道德修养与法律基础实验室”“马克思主义基本原理概论实验室”，具有专兼职教师和实验人员22人。开设出与“思想道德修养与法律基础”课配套的实验12个，与“马克思主义基本原理概论”课配套的实验6个，并已列入教学计划，在上述两门课中全面实施实验课教学。“中心”现拥有实验机位176个，实验室面积约300平方米。在学校和各级领导的大力支持下，在整个实验队伍的辛勤努力下，“中心”从实验教学的“无人区”起步获得了长足发展，并获得显著的教学成果和广泛的认同。教育部社会科学司领导先后两次率队亲临参观指导，广东省教育厅主管领导及有关专家亲身实验并悉心指导，全国课程教学指导委员会专门召开现场会给予支持。实验教学成果获得深圳大学优秀教学成果一等奖，广东省优秀教学成果二等奖。

三

我们以为，以“情境模拟实验教学”的方式来实现思想政治理论课抽象教学内容的“具体还原”，这样做的合法性是有保证的。从理论与实践层面讲，这种合法性的保证主要源自于思想政治理论课情境模拟实验教学“何以必要、何以可能与怎样可能”这三方面。

其一，思想政治理论课情境模拟实验教学“何以必要”？它的重要性至少可以从三方面得以体现。首先，思想政治理论课主要是进行世界观、人生观、价值观、道德观、法制观等方面的观念教育，不只是一般的知识教育，其核心在于行为的养成和态度的形成。思想政治理论课情境模拟实验教学基于对思想政治教育学科内容特性的深刻理解和把握，通过人—机互动模式进行相关道德情境模拟，启发学生对教学内容的体悟和理解，从而更容易获得一种感同身受的“体认”，促使思想政治教育真正走向人的“行为世界”。其次，思想政治理论课情境模拟实验教学更深刻的基础在于现实社会，现代社会属现实社会与虚拟社会并存的社会。正是在这个意义上，社会的虚拟化存在为德育情境模拟实验的可能性与必要性打开了“现实之门”。最后，基于人本质上属实践性存在物，而思想政治教育就是对人的实践本性的独特回归，所以，思想政治理论课情境模拟实验教学正是通过虚拟性案例实验的方式，来再现人的这种实践活动场景，从而有限呈现思想政治教育的实践本性，并最大限度地实现育人目标与宗旨。

其二，思想政治理论课情境模拟实验教学“何以可能”？思想政治理论课情境模拟实验教学之所以能够产生、存在和发展，是因其具有科学的理论依据和可行的现实依据。马克思主义关于人与环境的关系理论提供了模拟实验可以追本溯源的哲学依据；现代脑科学的结构功能理论阐释了模拟实验有效性的生理物质基础；心理学的移情理论描述了模拟实验发挥作用的心理情感机制；情境认知与学习理论显示了模拟实验与现代西方教育学学习理论关于“情境性”学习意义的研究成果相一致；德育方法论的态度形成理论揭示了模拟实验更符合德育作为一种综合性教育的本质。正因为有了科学的理论作为依据和支撑，其效果才是可预期的。思想政治理论课情境模拟实验教学不仅有理论依据，而且有现实依据，其现实依据可以从现代教育技术水平、计算机和网络硬件设施、适用对象特点等方面得到说明。思想政治理论课情境模拟实验教学以“学生为中心”创设情境，带来一种新的环境和认知方式，具有传统思想政治理论课教学无法比拟的优势，更易得到学生的关注、青睐和认可。目前，我国开发实验教学软件所需要的技术已臻于成熟，在电脑普及度、校园网平台建设及多媒体教室建设等方面，业已具备了一定的基础和规模，这无疑为各学校具体开展教学提供了良好的外部环境。因而，思想政治理论课情境模拟教学实验符合学生成长的特点与需求，有可预期的教学效果，彰显着对学生主体性的尊重，加快思想政治理论课情境模拟实验教学软件的研发，必将推动思想政治理论课教学的改革、创新和发展。

其三，思想政治理论课情境模拟实验教学“怎样可能”？思想政治理论课情境模拟实验教学的最终实现和展开，取决于鲜活的“人”的“出场”以及相伴随的“情境”的显现。思想政治理论课情境模拟实验教学在内容设计上，通过具有针对性的案例主题、具有冲突性的案例题材、具有复杂性的案例情节、具有主导性的案例互动、具有启发性的案例设问、具有学理性的案例评析，调动实验者的个体感受或情感参与，影响调控个体的行为。在实验技术路径上，将所需要的人物、物品、场景、图形、图像、视频等元素通过多媒体技术按照要求进行设计、组合和呈现，创设出二维、三维动画形式的具有模拟、仿真效果的“人”和情境，便捷地实现人—机或人—人互动，从而在很大程度上实现了实验的技术操作性要求。此外，当今相当普遍的电子游戏为思想政治理论课情境模拟实验提供了可资借鉴的成熟范例。鉴于二者在表现手段、互动方式、技术技巧的相似性，可以全面剖析，借鉴、消化、吸收了成熟的网络游戏技术，建立一个通用性好、运行环境要求低、运算速度快、模型结构相对简单、灵活性好、真实感强的技术平台，进而提升思想政治理论课情境模拟实验对多媒体技术的运用程度和效果。

是为序！

刘洪一

目　录

上篇　理论篇

下篇　实践篇

上篇

理 论 篇

第一章
德育的三个基本特性

德育的不可传授性、习得性、社会性，是德育的三个基本特征。由于人们行为的差异性与不确定性，导致道德教育领域中道德知识与科学知识具有本质区别，而此种知识类型上的区别，决定了道德教育不可能像科学知识那样可传授，而是具有“不可传授性”；道德教育在确切知识传授意义上的“不可传授性”，决定了人们只能通过行为习惯“习得”的方式来获得德性；基于人属社会性存在物，因而个体道德德性的“习得”不可能是单个人的“自我谋划”，而是必须在道德的社会中，通过社会共同生活才能达致，从而使道德教育具有深刻的社会性。

第一节　德育的不可传授性

亚里士多德之前的古希腊，总体上认为道德知识与科学知识一样，都是可传授的。原因在于，在当时希腊人眼中，作为实践的道德活动与其他活动（如理论活动、技艺活动）并没有根本区别，因此对实践的道德活动认知而所产生的道德知识与其他知识

（如科学知识、技艺知识）也没有做出区分。基于科学知识的可传授性这一公理，所以自然地，道德知识也是可传授的。普罗泰戈拉就曾说道："如果你和我在一起，那么你每天回家的时候都比来的时候要好一些。"①

亚里士多德一反古希腊之前的道德教育传统，主张由于道德知识与科学知识具有异质性，所以道德教育在确切知识传授意义上具有不可传授性。他的逻辑框架是这样的：道德教育是对人的行为的理解而开展的一种教育类型，而人的行为在本性上具有差异性与多样性，由此决定了"对人的行为理解而产生"的道德知识具有不确定性，也正是道德知识这种不确定性最终决定了道德教育在确切知识传授意义上的不可传授性。

亚氏论述道："不能期待一切理论都同样确切，正如不能期待人工制品都同样精致一样……人们也只能概略地、提纲挈领地来指明这一主题的真理性，对于只是经常如此的事物并且从这样的前提出发只能概略地说明。"② 与此相反，对于科学知识，亚里士多德则主张，科学的品质与道德的品质不同，人们必须在非常确切的意义上使用科学这个词。换言之，正是科学的确切性品质决定了其在知识意义上的可传授性。原因在于，"我们全都认为，科学地认识的东西是不可改变的，而可改变的东西既处于考察之外，那也就无法知道它们是存在还是不存在。而凡是出于必然的东西，当然能被科学地认识，当然也是永恒的……一切科学看来都是可以传授的，凡是能被科学地认识的东西都是可

① ［德］包尔生：《伦理学体系》，何怀宏等译，中国社会科学出版社 1988 年版，第 39 页。

② ［古希腊］亚里士多德：《尼各马可伦理学》，廖申白译注，商务印书馆 2009 年版，第 1094b14—22 页。

学习的"[①]。

在亚里士多德这里，科学知识乃是一种关于不可改变东西的客观知识，是一种依赖于证明并因此能够被任何人学习的知识，因为科学知识指向与人对立的，且独立于人的对象性存在物，是对"对象性存在物"客观化的把握与理解，因此就科学知识而言，科学是可传授的。然而，就道德教育而言，由于道德知识不是客观化的产物，而是作为存在者的人对自身行为的一种理解与把握，是某种他必须去做的东西，是一种"人应当如何成就他自身"的一种知识；毫无疑问，道德教育从知识传授角度看，显然属不可传授的范畴。可见，在道德教育领域，"无论有怎么多的普遍经验在起作用，其目的并不是证明和扩充这些普遍经验以达到规律性的认识"[②]。因此，道德教育"一般来说，它根本就不是为了构造一种能满足科学方法论理想的确切的知识"[③]。麦金太尔也认为："自然，在许多不同领域（指与道德教育不同的领域——括弧内的内容是笔者根据上下文所加）中都有真正的专家，我对这一点毫不怀疑。……我将得出的最终结论是，这种专门知识（即主张在道德教育领域也有这种专门知识——括弧内的内容是笔者根据上下文所加）实际上会变成又一种道德虚幻。因为需要用来维持它的那种知识并不存在。"[④]

---

① ［古希腊］亚里士多德：《尼各马可伦理学》，廖申白译注，商务印书馆2009年版，第1139b20—26页。

② ［德］伽达默尔：《真理与方法》，洪汉鼎译，上海译文出版社1999年版，第4—5页。

③ 同上书，第17页。

④ 《亚里士多德选集（政治学卷）》，颜一主编，中国人民大学出版社1999年版，第96页。

第二节　德育的习得性

既然从确切知识传授的意义上道德教育属不可传授的范畴。那么，人们有理由追问这样一个问题：人应该通过什么样的道德教育方式使自己成为一个道德的人？

亚里士多德主张，每个人的道德德性的获得既不是与生俱来的，同时也不可能通过确切知识传授意义上的道德教育来获得，而是后天通过行为习惯养成的。换言之，道德教育的过程其实就是一个人获得德性的习得过程。为证明道德教育这一“习得性”特质，亚里士多德首先批判了“道德德性与生俱来”（即道德德性属自然人性）这一观点。他说：“对于我们，没有一种伦理德性是自然生成的。因为，没有一种自然存在的东西能够改变习性。例如，石块的本性是下落，不能让它习惯上升，即使你把它向上抛一万次也不行，同样也不能使火焰下降。凡是自然如此的东西，都不能用习惯改变它。所以，我们的德性既非出于本性而生成，也非反乎本性而生成，而是自然地接受它们，通过习惯而达到完满。”①

为什么道德德性的获得“既不是出于自然，也不是反乎于自然”，而是一种“习得”？为此，他给出了三个理由：“第一，每个人天生就有通过习惯而养成道德德性的能力，且这种能力可以通过习惯得到进一步的完善。第二，以上这种能力先是以潜能方式存在于每个人之中，而后才通过每个人的现实活动表现出来。

① 《亚里士多德全集》，苗力田主编，中国人民大学出版社 2009 年版，第 1103a18—25 页。

即每个人正是通过习惯性应用德性而获得德性的。例如，人们一般只能通过日常性地做公正的事才成为公正的人，通过经常性的节制才成为节制的人，通过一直做勇敢的事才成为勇敢的人，等等。第三，道德德性获得的原因和手段与道德德性毁灭的原因和手段是同样的，而且属同一过程。比如，正是由于在对待节制中的行为的不同，有的人成为节制的人，有的人成为放纵的人。其他情况也是如此。”① 毫无疑问，在亚里士多德看来，所谓道德教育，其实就是培育人们日常生活世界中的正确的、合乎德性要求的行为习惯或活动习惯，所以，“一定要十分重视现实活动的性质，品质正是以现实活动而区别。从小养成这样或那样的习惯不是件小事情。相反，非常重要，比一切都重要”②。

既然道德教育就是沿着德性要求的方向去培养人们行为的习惯，那么接下来的问题是：人们行为的本性是什么？进而，人们当如何去培养各自的行为习惯以确保自己成为一个有道德德性的人？

对此，亚里士多德以为，道德教育“不像其他分支那样，以静观、以理论为目的（我们探讨德性是什么，不是为了知，而是为了成为善良的人，如不然这种辛劳就全无益处了）。所以，我们所探讨的必然是行动或应该怎样行动……我们的共同出发点就是，合乎正确理性而行动。至于什么理性是正确的……前面已经说过，关于行为的全部原理，只能是粗略的，而非精确不变的”③。亚里士多德的以上论断至少为道德教育指明了以下三点：

① 《亚里士多德全集》，苗力田主编，中国人民大学出版社 2009 年版，第 1103a25—b16 页。

② 同上书，第 1103b22—24 页。

③ 同上书，第 1103b26—1104a3 页。

首先，道德教育不以“传授道德知识”为目的，而以“养成人们德性行为”为目标；其次，以“养成人们德性行为”为目的的道德教育重要的不是让受教育者知道“德性是什么”，而是要让他们“如其所是”地行动，并形成习惯；最后，尽管道德教育的旨归在于养成人们“合乎德性”的行为，但教育者在教育过程中并不能像自然科学领域那样给予受教育者精确的知识指导，而只能粗略地告诉人们“要在应该的时间，应该的境况，应该的关系，应该的目的，以应该的方式”①，进行“合乎德性”的行为，以避免出现“过度”与“不及”等与德性相悖的行为。

基于道德教育在于人们行为习惯的养成，即人们行为的“习得”，因此“如何习得”在亚里士多德道德教育思想中便具有基础性的意义。因为在现实生活世界中，人们一般也正是通过自己实际行为的方式对这个问题进行了不同的回答，并由此在彼此之间划出了差异性的界限。也就是说，一些人通过行为的“习得”成了好人，而另外一些人则刚好相反。

对于如何养成人们“合乎德性”的行为习惯？亚里士多德借助于“快乐与痛苦”这一概念。他说：“我们必须把伴随着活动的快乐与痛苦看做是品质的表征。因为，仅当一个人节制快乐并且以这样做为快乐，他才是节制的。相反，如果他以这样做为痛苦，他就是放纵的。”② 事实上，亚里士多德在这个问题上承袭了柏拉图的观点。柏拉图认为，一个人道德德性能否养成主要取决于他在对待快乐和痛苦上是否具备正确的态度，因为伴随着活动成果的快乐和痛苦，形成人们品质的表征。所以，正确的道德教

① 《亚里士多德全集》，苗力田主编，中国人民大学出版社 2009 年版，第 1106b21—22 页。

② 同上书，第 1104b5—7 页。

育“正如柏拉图所说，重要的是，从小就培养起对所应做之事的快乐和痛苦的情感。正确的教育就是这样”①。除了承袭柏拉图的论调外，亚里士多德还进一步论述了行为习惯与快乐和痛苦之间三方面的因果联系。首先，人们总是通过以追求快乐的方式驱使自己去做卑贱的、不合乎道德要求的事情，人们也总是通过以逃避痛苦的方式而不去追求那些高尚的、合乎德性的事情；其次，道德德性的养成与人的感情相关，而人的每种感情中都伴随着快乐与痛苦；再次，快乐从小就伴随着人们，人们很难摆脱掉对快乐的追求，因为快乐已经深深地植根于人们的生命体念之中；最后，人们在日常行为中都有意无意地不同程度地以快乐和痛苦作为衡量各自行为的标准。②

第三节　德育的社会性

就道德教育理论来说，人们探讨道德教育诸问题往往容易将理论眼光局限在个体道德教育身上，认为道德教育仅仅是如何让一个人成为有德性的人，致使或多或少忽视了道德教育所处的社会。

亚里士多德的道德教育思想突破了这个局限，主张道德教育具有社会性。原因在于：由于道德教育不能通过对受教育者进行道德知识传授的方式来完成，只能通过受教育者以行为习惯“习得”的方式来达致。而受教育者行为习惯的“习得”只有在现实社会生活中才能得以真正展开并完成。之所以如此，因为人“天生是政治动物”，所以社会必然为道德教育提供现实的基础。

---

① 《亚里士多德全集》，苗力田主编，中国人民大学出版社 2009 年版，第 1104b11—13 页。

② 同上书，第 1104b5—1105a16 页。

也就是说，在亚里士多德看来，道德教育不是单个人的自我筹划，而是个人在社会生活中对行为习惯进行“习得”的过程。因此，道德教育不仅离不开个人的自然禀赋、能力与主观努力，也离不开个人所处的社会。假设一个人所处的社会是反道德的、反人性的，我们很难想象在这样的社会中，一个人如何可能通过自己行为“习得”的方式来具有道德德性。

亚里士多德认为，人本性有一种倾向，那就是追求群体性的“共同生存”，可以肯定的一点是，“所有人的天性之中就有趋于这种共同生活的本能”。[①] 所以，人必须过一种与他人共处的社会生活（不存在选择性问题）。因而，道德教育必须探讨人们“在社会中”如何进行行为习惯“习得”的问题。就此，亚里士多德提出了“城邦善”这一范畴。在他看来，道德教育要实现个体德性的养成，离不开一个基础性条件，即整个社会应该具备德性，否则，在一个德性普遍缺失的社会中成就个体的德性是非常困难的。可见，道德教育所追求的每个人道德德性的获得和实现，同整个社会善的获得是联系在一起的。因为“道德的人”是从共同性的、物质的社会生活世界中培育出来的，所以，如果社会自身缺乏德性，自身不善，那么，对于生活其中的个体也就缺乏养成自我道德德性的社会基础与社会条件。为此，他说道：“一种善即或对于个人和对于城邦来说，都是同一的，然而获得和保持城邦的善更为重要，更为完满。一个人获得善值得嘉奖，一个城邦获得善却更加荣耀，更为神圣。”[②]

① 《亚里士多德全集》，苗力田主编，中国人民大学出版社 1999 年版，第 1253a29—30 页。

② 《亚里士多德全集》，苗力田主编，中国人民大学出版社 2009 年版，第 1094b7—11 页。

亚里士多德关于公正的论述进一步论证了以上观点。在他看来，公正是个人与社会的联结点，它一方面反映个人的德性，另一方面反映社会（或城邦）的德性。作为反映个人德性的公正，它显示的是个体的道德品质；而作为反映社会（或城邦）德性的公正，它标明的则是整个社会（或城邦）的品质。因此，系统地看，个人公正与社会（或城邦）公正是一致的。社会（或城邦）公正，为道德教育培养个体公正提供了“制度架构”与“背景支持”；而个体具备公正品格，也必然会善待他人、服务社会，进而成就社会（或城邦）公正。所以，“亚里士多德强调城邦在本性上先于个人和家庭，把城邦的公共生存伦理看作是统领其它德性的整体德性，看来更能体现人类生存的类本质”。[①] 罗尔斯在其影响巨大的《正义论》一书中也开宗明义地论述道：“正义是社会制度的首要价值，正像真理是思想体系首要的价值一样。”[②] 可见，在亚里士多德这里，道德教育的社会性就在于：个人道德德性的“习得”只有在道德的社会中才是可能的，也才是现实的。正是在这个意义上，美国人在悼念 2007 年 4 月 16 日校园枪杀案死亡者时将凶手一并悼念，说明他们深刻理解了道德教育这一更为根本也更为隐秘的社会本性。

---

① 邓安庆：《西方伦理学概念溯源》，《中国社会科学》2005 年第 4 期。

② ［美］罗尔斯：《正义论》，中国社会科学出版社 1988 年版，第 1 页。

第二章

道德情感主导下的道德行为

在道德情感主导下产生的道德行为可以分为两种：一种是直觉的道德情感主导下的道德行为，其道德情感的主导作用具有特殊的外部诱因和内在动力；另一种是非直觉的道德情感主导下的道德行为，其道德情感的主导作用，在道德认知、利弊权衡和意向实施三个阶段与非情感因素相互渗透。道德情感主导下的道德行为同时具有一些共同特点，即在发生动机上具有冲动性，在发生频率上具有波动性，在过程与效果上具有感染性。

伦理思想史上关于道德情感的论述非常丰富，其中突出体现于中国先秦儒家的情感哲学和西方近代以来的情感主义理论。情感主义理论的集大成者休谟提出："理性，由于是冷漠而超然的，因而不是行动的动机，仅仅通过给我们指明达到幸福或避免苦难的手段而引导我们出自欲望或爱好的冲动；趣味，由于它产生快乐或痛苦并由此构成幸福或苦难之本质，因而就变成行动的动机，是欲望和意志的第一源泉和动力。"① 情感主义理论将道德建

---

① ［英］休谟：《道德原则研究》，商务印书馆2001年版，第146页。

立在人的情感需要之上，看到了道德行为发生的特殊性。但其缺陷之一是缺乏对道德行为的现实关注和具体分析，这一点在现代情感主义理论中表现得尤为明显。现实生活中道德行为的产生存在多种情况，既存在着道德认知主导下的道德行为，也存在着道德情感主导下的道德行为。笔者认为，在道德情感主导下产生的道德行为，又可以分为两种，一种是直觉的道德情感主导下的道德行为，另一种是非直觉的道德情感主导下的道德行为。这两种道德行为在外部情境和内在心理机制方面具有明显差异，同时又具有道德情感主导下的一些共同特点。

第一节　直觉的道德情感主导下的道德行为

直觉的道德情感主导下的道德行为是指，在特殊情境的刺激下，个体没有进行任何理性的分析、推理，也没有权衡利弊，而是在道德需要的驱使下，受直觉的道德情感的推动直接做出利害性行为。如，“6·15”广东九江大桥断桥事故发生瞬间，来自河南周口太康县的谢凤运、王文田两位老人恰好乘车经过，目睹了断桥事故的发生，了解险情后，他们没有掉头就跑，而是在距离断桥处不到十米远的地方，冒着桥可能进一步坍塌的危险，站在桥中间舍命拦车，救下了经过的八辆车。在生死关头，他们没有做更多的考虑，而是直接做出了拦车救人的行为。事后接受记者采访时，王文田说，“当时没想到危险，只想着要拦下过来的车”。在这一道德行为的发生过程中，道德情感的主导作用既有特殊的外部诱因，又有特殊的内在动力。

一　外部诱因

日常生活中，常常发生这样的情况，即在某些道德情境的刺激下，人们瞬间就产生了强烈的情绪反应和情感体验，如强烈的厌恶、义愤或同情，这种道德情绪和情感的产生是快速的、自动的、直觉的，发生在完全没有经过深思熟虑的道德判断、道德推理和利弊权衡的情况下。比如，某市一运钞车押送人员在运钞过程中，由于前面的一辆私家车挡住了去路未及时让路，用枪柄将该车车主打至头破血流。围观的群众见状，都非常义愤。大家纷纷谴责该押送人员的粗暴行为，有的帮忙拉开车主，有的帮忙报警，并自愿做证。这起事件中，突发的暴力事件直接激发了围观群众的强烈的情绪反应和情感态度，包括对整个事件的义愤、对押送人员的愤怒和对被打车主的同情，而这些直觉的道德情绪和情感转化为每个道德主体伸张正义的道德需要，道德需要的产生更加强化了道德情感，促使主体做出道德行为。在上述过程中，突发事件——这一特殊情境构成了整个过程的外部诱因，突发事件所具有的突发性对当事者形成一种强烈刺激，正是这种强烈刺激，导致了当事者一系列直觉反应。

需要说明的是，特殊的道德情境对道德个体情感的诱发受到个体道德敏感性、认知水平和生活经验的影响。道德敏感性，即对情境的领悟和解释能力，是对情境中的道德内容的觉察和对行为如何影响别人的意识，即敏感地认识到“这是个道德问题”①。道德敏感性低的人，不容易对情境引起关注，道德敏感性高的

① 郑信军、岑国桢：《道德敏感性的研究现状和展望》，《心理科学进展》2007年第15期。

人，只需要受到情境中微弱的信号的刺激便能产生情绪反应。例如，在押送人员粗暴对待车主的事件中，道德敏感性高的人，从押送人员表现出焦躁的情绪征兆时就开始有所意识，而道德敏感性低的人看到车主头破血流才有所反应。道德敏感性较高的个体更容易在直觉的道德情感主导作用下实施道德行为。

同时应该明确的是，个体情绪反应和道德情感的瞬间产生并不意味着对道德认知的排除。情绪和情感与认知是相互融合、不可分离的。这一点在心理学界已经得到广泛的认同，拉扎勒斯曾经提出“每种情绪反应……都是某种特殊种类的认知或评价活动的一种功能”[①]。认知活动影响着人们的情绪和情感，而情绪和情感的发生反过来会进一步影响人们对情境的认知和评价，在道德领域同样如此。这种关系也证明了情感和理性的紧密联系，任何道德行为都不可能只有道德理性或道德情感参与。

在外在诱因的驱使下，个体往往会选择高于平时道德层次的道德行为，趋向更高的道德境界。然而正如强烈的情绪总会复归平静一样，个体的这种超常性道德行为也总是短暂的，当情境消失之后，其道德行为又会降至日常的水平，道德情感也会回到平时的层次。但这种现象至少证明了一种可能性，人们的道德情感和道德水平是完全可能被提升的，每个人都有向“善”的潜力。

二　内在动力

需要是人类全部活动的原动力，道德的产生正是出自人们确

① ［新西兰］K. T. Strongman：《情绪心理学——从日常生活到理论》，中国轻工业出版社 2006 年版，第 80 页。

保自身生存及利益的要求。“任何人如果不同时为了自己的某种需要和为了这种需要的器官做事，他就什么也不能做。”① 道德需要指人们履行一定的道德原则和规范的内在要求，是一种高层次的需要，是人之为人的本质需要之一，是人们完善自我的需要。

个体的道德需要决定了道德情感的内容、性质和强度。在某种具体情境中，当个体的道德需要得到满足时，会产生高兴、喜欢、快乐、得意、欣慰等肯定、积极的情绪反应。需要主体得到满足的程度越大，情绪反应越积极，道德行为越趋于正向；当道德需要得不到满足时，主体会产生不快、厌恶、痛苦、失望、沮丧等否定、消极的情绪反应，越不能被满足，情绪反应越消极，道德行为越趋于负向。这些情绪反应即道德需要主体对客观道德行为或现象的评价性反应。这种评价性反应强烈的感情色彩决定了当这种肯定或否定的情绪反应强烈到一定程度时，会直接引发人们的道德行为。卢梭曾经指出，“正是这种感情使我们不假思索地去援救我们所见到的受苦的人”②。比如，广大网民对某市某青年男子当街欺负老年人的事件愤愤不平，纷纷发表言论表示谴责，通过对该青年男子的生活形成舆论压力来要求其道歉和赔偿。“当一个人想到善、正义这类道德范畴时，就会在内心产生某种共鸣、敬畏、抑制、尊严等心理的、情感的或理性的震荡，并使这种震荡融合到道德行为的选择和评价过程中去。”③

反过来，个体的道德情感能强化并促成一定的道德需要。道

① 《马克思恩格斯全集》第3卷，人民出版社1960年版，第286页。

② ［法］卢梭：《论人类不平等的起源和发展》，商务印书馆1962年版，第103页。

③ 商戈令：《道德价值论》，浙江人民出版社1982年版，第99页。

德情感的不断积淀能够调动人们的热情，催生内在的道德需要，确立行为动机，从而推动人们做出道德行为。道德情感越强烈，个体的道德需要也越迫切。比如，在爱国情感的驱使下，很多身居国外的科学家毅然放弃优越的条件回到国内，为祖国的发展贡献自己的力量。正如18世纪法国唯物主义哲学家爱尔维修曾经强调的那样，伟大的感情才能产生伟大的人物。在道德需要和道德情感的交互作用下，道德主体会产生强大的内在动力，并迅速做出行为抉择，并实施道德行为。

在直觉的道德情感主导下的道德行为产生的过程中，特殊情境的刺激激发了主体的情绪反应和情感体验，主体在道德情感的驱动下将奉献和利他等行为意向转化为自己的道德需要，并付出道德行为，而行为完成后，维护他人利益的目标之实现，反过来又会强化并提升主体的道德情感，放大主体的道德需要，产生持续的动力，使主体在同样的情境中坚持一致的行为，经过反复的刺激和重复，最终固定为道德行为习惯。特定情境对情绪反应的激发是其外在诱因，而道德情感与道德需要的交互作用是内在动力，强烈的道德情感体验是连接外在诱因和内在动力的桥梁。当然，日常生活中，由一种强烈的道德情感所激起的行为倾向，只是个体实施某种道德行为的心理准备和定式，最后的结果可能是，个体的道德行为与其心理定式一致——当道德情感和道德需要足够强烈时，也可能个体的道德行为与其心理定式不符甚至相反——当个体的道德情感很快降温并被理性判断和推理以及意志所逆转时。这里所讨论的只是其中一种情况。

第二节 非直觉的道德情感主导下的道德行为

非直觉的道德情感主导下的道德行为区别于直觉的道德情感主导下的道德行为主要有两方面，一是贯穿于道德行为始终的道德情感从形式上表现为理性的道德情感和想象的道德情感；二是个体意识到了行为的付出可能对自身造成的利弊，即在行为之初个体已经意识到行为可能导致的后果及代价。概括地说，所谓非直觉的道德情感主导下的道德行为是指在一定的情境中，个体从某种立场出发，受道德情感的驱使，在意识到行为可能带来的后果的情况下，不惜代价，以求自我实现的道德行为。在这种道德行为的产生过程中，道德情感贯穿始终，并在道德认知、利弊权衡和意向实施三个阶段与非情感因素相互渗透。

一 认知阶段

道德认知是道德情感形成的逻辑前提，人类社会产生后，随着道德规范、标准和准则的出现以及各种具体道德情境的刺激，人们逐渐产生并积累了道德生活中的各种情绪体验，最终形成道德情感。随着人类道德认知的变化发展，人们的道德情感也不断变化发展。个体的道德情感反过来也以其独特的方式不断作用于认知活动，影响着道德认知的方向和层次，在道德行为产生的过程中，二者相辅相成。

个体在非直觉的道德情感主导作用下做出的道德行为，往往是受到情感的感染和诱发而产生的动机和需要的驱使。正如恩格斯指出的，“在社会历史领域内进行活动的，全是有意识的、经过思考和凭激情行动的、追求某种目的的人”[①]。这类行为产生的过程中，个体道德情感的积极与否直接影响其注意力投注的方向。我们经常能见到这种现象：对于自己热衷的客体对象，道德主体愿意付出很多精力和心血，而对于毫无兴趣的客体对象则不愿意花费任何精力。例如，一般情况下，父母对子女的爱无偿并持续不断，对与子女同龄的人可能关爱，却不可能持续不断。

此外，道德情感的层次也影响着认知的层次，并最终影响到行为的抉择。道德情感层次更高的个体在认知的过程中更能顾全大局，为他人着想，能够承受更大的道德代价。例如，面对自己的三胞胎先天失明、丈夫又离家出走的局面，一个伟大的母亲在痛苦中接受了事实，用自己的爱独力为孩子们撑起了一片晴朗的天空。而一个悲观的母亲，面对家庭的分裂，日日消沉，怨天尤人，导致了孩子走向抑郁和自闭。这两个例子中，前一个母亲就具有更高层次的道德情感，由于对孩子们无私的爱，她强迫自己坚强、乐观地生活，后者则刚好相反。正如基尔克戈尔所说，“生活总是向前的，认识也应穷追不舍、紧随其后；生活总是充满激烈的变动，认识也不可能摆脱激情”[②]。

二　利弊权衡阶段

非直觉的道德情感主导下的道德行为产生过程中，个体实际上没有对自身的道德行为进行真正意义上的利弊权衡，只是对其行为可能付出的代价有清醒的意识，其不求回报的心态所带来的心理上的满足感和愉悦感是唯一的道德收益。如果没有实施道德

① 《马克思恩格斯全集》第21卷，人民出版社1965年版，第341页。

② 《基尔克戈尔手册》，福建人民出版社1996年版，第11—12页。

行为，个体会因为内心的痛苦、内疚甚至悔恨而承受巨大的心理负担。这类道德行为产生的过程中，个体所看重的“得”是实施了行为而带来的积极的情感，而没能实施行为所造成的消极的感情才是个体眼中真正的“失”。例如，参加过越南战争的一些美国老兵后期都深陷抑郁，有的甚至选择自杀，就是因为对过去在战争中的杀害行为感到愧疚和悔恨，无法承受这种精神痛苦的长期折磨。2002 年 3 月 17 日《新民晚报》一篇题为《科技功臣闯关夺隘：记地下工程专家刘健航院士》的报道中有这样一段文字，可以印证本书的论断：刘健航在危险时刻挺身而出，他对自己这种行为解释说“我珍惜我的生命，我只是觉得关键时刻不挺身而出，人活下来比死还难受”。

非直觉的道德情感主导下的道德行为与一般的道德行为相比较，其行为者所获收益的内容是不同性质的。一般道德行为产生的过程中，行为主体的收益包括物质或精神上的奖励和心理上的满足感，这种收益既有看得见的也有看不见的；而非直觉的道德情感主导下的道德行为产生的过程中，个体所获的收益完全是心理上的满足感和自我实现的愉悦感，这种收益完全是周围人看不见的，也就是人们生活中常说的“不求回报”。同时，一般道德行为的利弊权衡是量入为出的，尤其是当收益完全为看不见的收益时，成本必须是个体能轻易支付的，需要付出的代价越大，则越难以付出道德行为，行为的代价与行为的动机成反比；而在非直觉的道德情感主导下的道德行为中，个体虽然意识到了行为可能带来的利弊，但却是不惜代价的，即使要付出很高的代价也会尽力而为，且付出的代价越大，心理上的满足感越强烈，行为的代价与行为的动机成正比。例如，同样是帮助雪灾中的滞留者，第一种情况下，某政府部门公务员为了响应上级号召，给领导留下好的印象主动捐出当月奖金；第二种情况下，一个年长的流浪者，见滞留在风雪中的几个大学生又饿又冻，身无分文，便掏钱为他们买了一箱方便面，然后独自离开。以上例子中，公务员的行为当然是应该肯定的，但其行为的付出是以维持并营造自己在单位和领导面前的形象为前提，虽然不排除有同情灾民的可能，却是一种典型的在乎利弊得失的行为。而年长的流浪者出于对滞留大学生的同情和爱护，在自己穷困潦倒的情况下却还能帮助他人。相比之下，后者的行为更高尚。

三　意向实施阶段

心理学上把自觉设立某种目的并为这个目的的实现而调控自己行为、克服各种障碍的心理过程叫作意志。彼得罗夫斯基指出，“意志是人的积极性的特殊形式。它以人调节自己的行为，抑或其它一系列的意图和动机为前提，根据自觉提出的目的预先规定一系列不同行动的组织”[①]。意志一方面通过自觉的目的对行为进行调控，决定着行为的产生；另一方面对通过自身情绪和情感的调节克服内心的波动和冲突。

道德意志是人们在道德实践中为了达到某种目的而自觉克服困难的毅力和精神，是道德认知向道德行为转化的关键。黑格尔认为，“道德的意志表现于外时，就是行为”[②]。非直觉的道德情感主导下的道德行为发生的过程中，个体的道德情感是道德意志的前提和基础，道德意志是道德情感的延伸和结晶，二者相伴相生。对此，当代德国伦理学家包尔生曾经指出，“意志与情感的

① ［苏联］彼得罗夫斯基：《普通心理学》，人民教育出版社 1982 年版，第 429 页。

② ［德］黑格尔：《法哲学原理》，商务印书馆 1961 年版，第 116 页。

联系可以表示如下：每一意志行为从根源上说是一种情感，反过来，每一种情感同时也是肯定或否定的意志行为。在感情中，意志逐渐意识到自身及其目的和条件。感情不是意志行为的原因，当感情显露时，意志已经在感情中存在”①。

第三节　道德情感主导下的道德行为的主要特点

在道德情感主导下的直觉和非直觉道德行为中，道德情感都是促成道德行为的主要动力，其不仅决定了道德认知的投射方向，还推动了道德意志对道德行为的抉择与调控，两种道德行为在这方面是完全相同的，并具体体现为以下三个特点。

一　在道德行为的发生动机上具有冲动性

道德情感主导下产生的道德行为，尤其是直觉的道德情感主导下的道德行为通常发生在突如其来的情况下，需要主体会产生激昂的情绪反应，做出超常的道德行为。比如，在炮火纷飞、敌众我寡的战场上，接到撤退命令的年轻战士不惜冒着生命危险返回，营救一名在战争中失去父母的小孩，就是出于强烈的爱心和同情心而做出的高尚的行为。“情绪活动有时是难以驾驭的，在理智与情感发生冲突时往往是情绪获胜，科学已经发现控制情绪的中枢往往压倒理性思考的方式。”② 这种行为中，主

① ［德］佛里德里希·包尔生：《伦理学体系》，中国社会科学出版社 1998 年版，第 189 页。

② 宋广文、邢洪军：《“情”与“智”概念的相关研究及思考》，《心理学探新》2007 年第 2 期。

体的道德情感表现出明显的非理性的特点，如直觉性、非逻辑性和无计划性等，对道德行为的选择和导向体现出主体强烈的冲动性。

这类道德行为产生的过程中，个体情感上的冲动一方面增强了行动的决心，激发了内心的急迫感，有助于“知”与“行”的统一；另一方面也使行为难以受到控制，往往容易因此走向极端、片面。人们常说的“感情用事”就是针对这种情况而言的。比如，一个法官在审判过程中，由于私下对被告品行的极度厌恶而偏向原告，导致了审判的不公正。该法官因个人情感而影响执法的公正，也是违背职业道德的表现。电影《红色娘子军》中的女主人公吴琼花在战场上看见仇人后，满腔悲愤，热血沸腾，不顾组织的命令开枪射击，过早地暴露了队伍，结果影响了整个战斗。感情用事的结果，往往使得行为偏离公平、正义等社会价值取向，并影响到社会利益最大化的价值目标。

二　在道德行为的发生频率上具有波动性

作为个体存在的人是千差万别的，这种差别也体现在个体的情感上。不同个性特点的人具有不同的情感结构，包括道德情感结构，同一个人在不同环境和情境中，也会有不同的情感状态。日常生活中，人们经常提到“心情”，“心情”好的时候，世界似乎一片明朗，常常以乐观、善意、主动的态度对待周围的事物，倾向于做出道德的行为；而“心情”不好的时候，世界仿佛陷入灰暗之中，往往以悲观、冷漠、被动的态度看待周围的事物，倾向于做出不道德的行为。这种现象充分体现了人们道德情感不稳定性的一面。对于更愿意“用同情心的或忘我的方式来对待处理社会问题”① 的个体而言，采取善意、冷漠还是恶意的态度，做出道德或不道德的行为，取决于当时的需要动机和情感状态，当其道德情感的结构和内容发生变化时，道德行为的选择也会相应发生改变。

道德情感主导作用下产生的道德行为相对于其他类型的道德行为更容易受到道德环境的影响。良好的道德环境下，个体更容易形成正向的道德情感，做出高尚的道德行为，恶劣的道德环境下，个体更容易形成负向的道德情感，表现出道德冷漠，甚至做出不道德的行为。正如晋代思想家傅玄用所说，“近朱者赤，近墨者黑”，道德环境的变化也会引起这类道德行为的波动。也如人们常说，做一件好事容易，做一辈子好事难。

尽管作为一种理性化的情感，个体的道德情感会反映社会道德规范、准则和观念的要求，并接受道德认知的引导，是一种相对深刻、稳定和持久的情感，但实际生活中，道德情感会随环境和情境的变化而产生相应的变化，个体道德认知能力、思维能力以及道德需要层次的变化，也会使道德情感的内容和结构发生改变，这使得道德情感主导作用下产生的个体道德行为具有波动性。因此，从发生频率上看，在个体道德情感主导作用下产生的道德行为并不是一条平稳的直线，而是有起有伏、不断趋向平稳的抛物线群组。

三　在道德行为的过程与效果上具有感染性

一定时代背景和社会环境下的人常常具有一些共同的个性心

① 杨韶刚：《什么是有道德的人——当代心理学向科尔伯格提出的挑战》，《教育理论与实践》2003 年第 4 期。

理结构和道德情感。18 世纪法国唯物主义者霍尔巴赫指出，“每个人生下来的时候，都带着一些强弱不等的感情；它们的力量是依气质、依机体构造、依自然赐给的想象力的分量而定的。他之变成或者对自己、或者对同胞有意或有害，乃是由于环境把他引向善或者恶；也就是说，乃是由于人们给他的教育、他所见的榜样、他所听到的言语、他经常接触到的人、他自己形成的或受别人灌输的观念、他养成的习惯，尤其是支配他的行为的政府，使他从自然获得的那个基础，受到好的或坏的培养”①。共同的心理结构和道德情感是不同个体产生“情感共鸣”的基础。“一个人的情感具有对他人的情感施予影响的效能”②，当一个人产生某种具体的情绪和情感时，这种情绪和情感的外显性特征会被周围人觉察，并引起相似的情绪反应和情感体验，进而引发相同的道德行为。

在文明的时代与良性的道德环境中，道德情感主导作用下产生的道德行为借由其外溢性的情绪和情感进行着人与人之间的道德传递和交流，通过对人们心灵的感染，强化和放大正向的道德需要，激励人们做出正向的道德行为，起到抑恶扬善的作用。这种环境中，个体在道德情感主导作用下产生的道德行为容易唤起其他个体内在的需要，产生道德冲动，更好地发挥道德潜能。“公愤”和“众怒”就是这种情况的典型例证。比如，美国华裔女作家张纯如为了还原历史真相，撰写并出版《南京大屠杀：被遗忘的二战浩劫》，该书出版后，张遭到日本右翼分子的多次恐吓与威胁，引起了广大华人的愤怒和声讨。而在恶性的道德环境

① 周辅成：《西方伦理学名著选辑》下卷，商务印书馆 1987 年版，第 91 页。

② 张耀灿、邱伟光：《思想政治教育学原理》，高等教育出版社 1999 年版，第 167 页。

中，情况则刚好相反。

综上，要使道德情感主导作用下的道德行为真正成为道德的行为，作为行为主体，应自觉地营造良好的心理环境，培养自身情绪与情感的调控能力，及时排除、转移或升华不良的情绪与情感，不断储备积极向上的道德情感，并提升自身道德情感的层次与境界，通过有意的训练和强化，逐渐将道德的行为转化成行为习惯；此外，还应树立合理的价值观念，提高自身的道德认知能力和思维能力，具备科学的分析能力和判断能力。作为社会，则应从外部营造一个良好的道德环境和道德氛围，肯定、鼓励并嘉奖道德的行为，尤其是对“不求回报”的道德行为，应该通过制度层面的安排和符合实际的宣传，使公平、正义、人道等理念深入人心。

第三章
德育虚拟与现实的哲学探讨

自1992年确立社会主义市场经济以来，特别是整个社会步入信息化、网络化和虚拟化时代以来，我国高校德育面临着诸多新的问题与困境，其中一个比较突出的问题与困境就是：传统的德育手段越来越显露出巨大的局限性。因此，与时俱进，革新德育方法这对于加强和改进高校德育工作无疑具有现实意义与实践需要。为此，在高校德育工作中，充分利用现代技术手段进行德育情境模拟实验（即德育方法的创新）就不但成为一种有益的探索，而且有着足够的合理性及其根据。

德育情境模拟实验是指按照高校德育工作的整体要求，通过现代多媒体技术手段将现实生活中的德育案例转化为互动可视的模拟情境，并以实验的方式运用于德育工作，使德育对象（主要是指在校大学生）在情境模拟实验中通过角色扮演和人—机互动的方式，完成特定的任务或解决特定的问题，以此增加学生对德育内容的“体悟”和理解，从而在一定程度上完成德育的“内化”功能，实现高校德育目标。德育情境模拟实验从根本上讲就是在现实社会与虚拟社会并存的今天，充分利用现代技术手段，特别是现代多媒体技术将现实生活中的“德育情境”通过“虚拟实验”样式直观形象地再现出来，使学生有身临其境之感，并以此完成德育的教育功能。同时，德育情境模拟实验不像一般多媒体德育活动那样是单向的，而是一种人—机或者人—人交互的过程，这不仅有助于德育对象的直接参与，更有助于德育对象知、情、意、行等各种因素的全面调动。

当然，对于这种新型的德育情境模拟实验的德育样式，人们有足够的理由追问这样一个问题：德育情境模拟实验对于实现高校德育目标，其合法性能否得到保证？为此，本书拟从德育情境模拟实验的知识性分析、社会性分析与实践性分析三个方面来对其合法性予以理论阐述与说明。

德育情境模拟实验作为高校的一种创新型德育方法，其合法性至少可以从三方面得到保证。首先，德育属行为科学，而人的行为的多样性与差异性既决定了不确切的德育知识与确切的科学知识之间异质的界限，也决定了它属不可教的范畴，这就为德育情境模拟实验开出了必要的地盘。其次，德育更深刻的基础在于现实社会，而现代社会属现实社会与虚拟社会并存的社会。正是在这个意义上，社会的虚拟化存在为德育情境模拟实验的可能性与必要性打开了“现实之门”。最后，基于人本质上属实践性存在物，而德育就是对人的实践本性的独特回归。所以，德育情境模拟实验正是通过虚拟性案例实验的方式，来再现人的这种实践活动场景，从而有限呈现德育的实践本性，并最大限度地实现德育的育人目标与宗旨。

第一节　德育虚拟与现实的知识性分析

德育情境模拟实验第一个合法性保证来自于对德育知识本性的分析。为此，我们有必要对德育的知识本性进行一番立论工作，以便为我们进一步理解与洞悉德育情境模拟实验提供某种必要性前提。

一个不可否认的事实是，国内高校德育界的专家学者多年来都围绕“当代中国高校德育”等相关问题一直在进行热烈的讨论。但遗憾的是，这一“热烈讨论”有些情况下只停留在“概念”的热烈上，它们一旦接触到高校德育实践中的具体德育情境，他们的“热烈讨论”就变得异常模糊。这至少说明，从某种意义上讲，当前我们高校的德育思想还不够彻底，还没有抓住相关德育问题的根本。马克思在《〈黑格尔法哲学批判〉导言》中曾经指出：“批判的武器当然不能代替武器的批判，物质力量只能用物质力量来摧毁，但是理论一经掌握群众，也会变成物质力量。理论只要说服人，就能掌握群众；而理论只要彻底，就能说服人。所谓彻底，就是抓住事物的根本。”[①] 而高校德育的根本是什么呢？笔者认为，德育的根本在于它不属知识体系中的学问，而属行为科学，其内在逻辑是通过改造人们的价值观、世界观和人生观等观念体系，从而完成人们行为的塑造。因此，德育从本性上讲不是自然科学意义上的知识传授，而是行为养成。

这点我们可以从亚里士多德与伽达默尔等人的思想中得到阐释与证明。

---

① 《马克思恩格斯全集》第3卷，人民出版社2002年版，第207页。

亚里士多德一改古希腊的德育传统，主张德育的不可教性。亚里士多德论证的内在理论逻辑可表述为：基于德育说到底是对有别于自然世界的人的行为的理解而开展的一种教育类型，而人的行为在本性上属差异性与多样性，由此决定了“对人的行为理解”而产生的德育知识的不确定性，而德育知识的不确定性又进一步决定了德育知识的不可教性。由此亚里士多德公开宣称，德育属不可教的范围，因为德育知识在本性上不同于自然科学知识，正如道德知识不可能具有像 1 +1 =2 以及三角之和等于 180°等自然科学知识那样确定。

亚里士多德就此论述道，基于德育关涉的是行为，而人的“行为包含着许多差异与不确定性。所以人们就认为它们是出于约定而不是出于本性的。善事物也同样表现出不确定性……所以，当谈论这类题材并且从如此不确定的前提出发来谈论它们时，我们就只能大致地、粗略地说明真；当我们的题材与前提基本为真，我们就只能得出基本为真的结论。对每一个论断也应该这样地领会。因为一个有教养的人的特点，就是在每种事物中只寻求那种题材的本性所容有的确切性。只要求一个数学家提出一个大致的说法，与要求一位修辞学家做出严格的证明同样的不合理”①。与此相反，对于科学，亚里士多德则认为，科学的品质决定了人们必须在非常准确的意义上而非粗略意义上使用科学这个词。换言之，正是科学的确切性品质决定了其知识的可传授性。因为，“我们都认为，我们以科学方式知道的事物不会变化，变化的事物不再处于观察的范围之外……所以，科学的对象是由于

① ［古希腊］亚里士多德：《尼各马可伦理学》，廖申白译注，商务印书馆 2003 年版，第 1094b12—27 页。

必然性而存在的。因此，它是永恒的……科学可以传授，科学的知识可以学得……科学是我们可以凭借它来作证明的那种品质……只有当一个人以某种方式确信，并且对这结论依据的始点也充分了解时，他才是具有科学知识的”①。而德育则完全不同，道德教育家们，“他应当着眼于他的特殊对象，并且研究到适合他的目的的程度。追求过分的确定性将要求繁冗的工作，这会超出我们的目的”②。可见，在亚里士多德这里，就科学知识的确切性而言，科学是可教的。然而，德育则是存在者对自身行为的一种理解与把握，属“人应当如何成就他自身”的范畴，其知识具有不确切性。毫无疑问，作为一种“成就自我”的德育，从确切性的知识传授角度看，显然是不可教的，只能是“理解”与“行动”。

当代解释学大师伽达默尔和德性伦理学家麦金太尔完全赞同亚里士多德的以上真理性论断。伽达默尔说，“其原因仅在于，用以认识齐一性的材料并不是到处可以充分获得的。所以，尽管气象学所使用的方法完全类似于物理学的方法，然而由于它的材料不充分，它的预报也是靠不住的。这点也同样适用于道德现象和社会现象领域……无论有怎么多的普遍经验在起作用，其目的并不是证明和扩充这些普遍经验以达到规律性的认识”③。因此，就“经验的真理”而言（德育的真理也属这个范畴），“一般来说，它根本就不是为了构造一种能满足科学方法论理想的确切的

① ［古希腊］亚里士多德：《尼各马可伦理学》，廖申白译注，商务印书馆 2003 年版，第 1139b16—35 页。

② 同上书，第 1102a32 页。

③ ［德］伽达默尔：《真理与方法》，洪汉鼎译，上海译文出版社 1999 年版，第 4—5 页。

知识”。[1] 麦金太尔更是强烈主张回到亚里士多德那里，他认为：“自然，在许多不同领域中都有真正的专家，我对这一点毫不怀疑。比如，在研究胰岛素的生物化学中……都有这种专家……我将得出的最终结论是，这种专门知识（如果主张在道德领域也有这种专门知识——括弧内的内容是笔者根据上下文所加的）实际上会变成又一种道德虚幻。因为需要用来维持它的那种知识并不存在。”[2] 因此，结论必然是：基于德育指涉的是不确切的人们行为的范围，那么德育的不可教性就再显明不过了，这就为德育情境模拟实验开出了必要的地盘。换言之，德育情境模拟实验正是基于对德育知识本性的深刻领会与把握的基础上，通过人—机互动模式进行相关道德情境模拟，以此来完成德育知识的“不可教之教”，从而实现德育方式变革。所以，它毫无疑问打破了传统德育以知识传授为主导的界限与品格，通过行为的“模拟”与“实验”，从而使德育真正走向人的“行为世界”。

第二节　德育虚拟与现实社会性分析

既然德育知识的“非确定性、非唯一性”决定了它在知识意义上的“不可教性”，即我们不可能像通过科学知识教育的方式那样来开展德育。那么，出路在哪里呢？

正如唯物史观所指出的那样，社会存在是一切社会现象得以存在、发展的本体论依据。因此，高校德育的真正出路也必须立基于现实的社会存在，并在此寻求问题的真正解答，而德育情境

① ［德］伽达默尔：《真理与方法》，洪汉鼎译，上海译文出版社 1999 年版，第 17 页。

② 《亚里士多德选集（政治学卷）》，颜一编，中国人民大学出版社 1999 年版，第 96 页。

模拟实验正是在此种“解答”中而获得它的第二个合法性根据。也就是说，当前我们现实的社会存在已经是虚拟社会与现实社会二者重构的时代，社会的虚拟化存在必然为德育情境模拟实验的可能性与必要性打开“现实之门”。所以，新时期高校德育将不可避免也毋庸置疑地要接受网络化、信息化与虚拟化社会到来的全面挑战，并在此寻求突破。

这也正如亚里士多德所认为的那样，德育说到底其实就是要完成对人们行为习惯的养成，而人们行为习惯的养成又必然性地与其社会捆绑在一起。为此，他说：“道德德性则通过习惯养成，因此它的名字‘道德的’也是从‘习惯’这个词演变而来。”① “由此可见，我们所有的道德德性都不是由自然在我们身上造成的。因为由自然造就的东西不可能由习惯改变。例如，石头的本性是向下落，它不可能通过训练形成上升的习惯，即使把它向上抛千万次。火也不可能被训练得向下落。出于本性而按一种方式运动的事物都不可能被训练得以另一种方式运动。因此，德性在我们身上的养成既不是出于自然，也不是反乎于自然的。”② 也就是说，在亚里士多德这里，人们道德品质的获得“既不是出于自然，也不是反乎于自然”，而是一种社会性“习得”，因此现实社会才是德育的真实基础。

可见，德育情境模拟实验之所以可能，除了本性上德育知识的不可教之外，其更深刻的基础却在于现实社会。基于现代社会信息化与虚拟化这一新的特性（与以往社会本性上的差异），我们完全可以就此做出这样的论断：没有社会的（部分）虚拟化，

---

① ［古希腊］亚里士多德：《尼各马可伦理学》，廖申白译注，商务印书馆 2003 年版，第 1103a15—16 页。

② 同上书，第 1103a17—25 页。

德育情境模式实验就缺乏现实的社会根基。从这个意义上说，高校德育破译当代社会的虚拟化这一独特本性的过程，其实就是在寻求德育情境模拟实验社会基础的过程。正是在这个意义上，1995年《数字化生存》一书的出版以及尼葛洛庞帝对未来数字化以及虚拟化世界的描述既强烈地冲击着人们的旧有认识，也引发我们思考重新德育的方式方法等问题。

进入21世纪，高校德育面临着从工业社会向网络社会以及虚拟社会的转型是再也不争的事实。信息网络化、社会虚拟化已渗透到社会生活各个方面，人们开始从“可视的世界”过渡到了“信息的世界”与“虚拟的世界”。我们正在进入信息网络化、社会虚拟化的时代，并已经成为人类历史发展中不可逆转的走势。“与历史上其他技术革命相比，这一次的变革范围不仅限于技术层面，更涉及人类生活的方方面面，前景更加难以预测。这场变革有哪些内容，它以怎样的方式和程度影响人类生产和生活，如何迎接它的挑战，如何看待和评价这场变革，……这诸多问题绝不只是专家学者们的研究课题，更是每一个当代人应该深入思考的问题。因为网络的浪潮正在且必将把世界上每一个人（如果他不会拒绝道德文明的话）和每一个角落卷入其中。”① 美国学者巴伦·李维斯在《媒体等同》一书中也精辟地指出：“从人们的反应中可以看出，媒体不仅仅是工具。媒体受到礼貌的对待，媒体能侵占我们的身体，媒体有着和我们一样的个性，媒体能激发感情，需要我们的注意，使我们害怕，能影响记忆力，还能改变人们固有的观点。”② “在20世纪末和21世纪初，规定世

① 常晋芳：《网络哲学论纲》，《现代哲学》2005年第1期。

② ［美］巴伦·李维斯：《媒体等同》，复旦大学出版社2001年版，第213页。

界上权力与财富性质的游戏规则已经改变……一个比黄金、货币和土地更灵活的无形的财富和权力基础正在形成。这个新基础以思想、技术和通讯占优势为标志，一句话，以信息为标志。”①

与现实社会相比，人与人在虚拟社会——网络世界——中的交往具有更加开放、更加自由、范围更广、关系更平等等优点。现实世界中的沟通障碍在虚拟世界中不存在了，人与人之间的交流转变为人机交流的形式出现。一进入网络社会，就有机会与陌生人相识，和志趣相同的人交流。这种虚拟世界比现实世界自由，人们可以根据自己的需要任意创造网络中的“自我”和“角色”。这样，在现实世界中德育的现实性基石——社会基础——在被网络解构的同时也在网络力量的牵引下进行着新的重构。

德育情境模拟实验正是以这样一个社会存在变革为前提，并必然性地拓展出属于自己的领地。可以这样说，社会虚拟化、网络化在为高校德育提供了以前无法想象的可能性的同时，也为德育情境模拟实验提供了极大的社会基础与便利条件。这可以从如下两方面得到进一步的证明。一方面，德育情境模拟实验可以最大限度地拓展高校德育空间。“传统的思想政治教育多局限在学校和相关的职能部门，社会的教育作用表现并不充分。”② 而德育情境模拟实验借助互联网这样一个现代交互式多媒体高速计算机信息网络系统，有效地将分散性的社会诸多信息系统融为一体，使之成为大容量、高速度的数据传输系统，从而拓展高校德育的空间，将原先相对狭隘的德育空间变成了全社会的、开放性的德

① ［美］拉兹洛：《决定命运的选择》，生活·读书·新知三联书店1997年版，第6页。
② 李辉：《现代思想政治教育环境研究》，广东人民出版社2005年版，第128页。

育空间。另一方面，德育情境模拟实验可以提升高校德育的针对性。德育情境模拟实验具有网络资源共享性以及虚拟性等特点，它无疑可以使高校德育工作者通过德育情境模拟实验了解学生的真实思想动态，从而提升高校德育工作的针对性。

因此，我的结论是，由于德育不是单个人的自我筹划，其中起作用的主要不是个人的自然禀赋与能力，而是决定于人的存在方式。也就是说，人必须也只能在现实的“生活世界”中才能现实地“成就自我”。由此德育情境模拟实验正是在此种意义上成长出来的高校德育新模式，也是传统的德育模式之外开辟出的一种互动式德育新模式。它的优先性在于，充分利用虚拟社会这一新的社会存在，针对现实中出现的德育热点难点等问题，利用网络交互性进行现实模拟实验，从而将严肃的德育主题编成生动的，集知识性、趣味性、生动性为一体，以吸引人们的兴趣的网络德育教件，从而达到情景交融、寓教于乐的德育效果。

第三节　德育虚拟与现实实践性分析

德育情境模拟实验的合法性除了德育知识的不可教性以及德育的社会性基础外，其最深刻同时也是最大的合法性则来自于人属实践性存在物。从某种意义上来说，德育情境模拟实验就是对人属实践性存在物的一种对应性当然也是非完全性的解答。也就是说，人的活动的实践本性是德育的本质属性，也是德育工作的最高原则及其生命线，而德育情境模拟实验就是一种对实践教育的有限回归。

这点同样可以在亚里士多德德育思想中获得某种程度的解答。其实，亚里士多德《尼各马可伦理学》一书中蕴含的德育思想之所以可以高度概括为“道德教育的不可教之教”，其最隐秘的原因就在于德育的根源性问题来自于人的行为的社会实践本性。亚里士多德也正是通过实践概念才使道德教育成为一种与其他教育相区别的独立的教育，从而为德育开出了独立的地盘。因此接下来的问题是：人们必须对人的实践活动的本性是什么以及人们当如何去实践等问题有着实质性的理解与把握。对此亚里士多德论述道：“既然我们现在的研究与其他研究不同，不是思辨的，而有一种实践的目的（因为我们不是为了了解德性，而是为了使自己有德性，否则这种研究就毫无用处），我们就必须研究实践的性质，研究我们应当怎样实践”①，因此“生活、实践的观点，应该是认识论的首要的和基本的观点”②，也是高校德育中首要的和基本的观点。毛泽东也说过：“我们强调社会实践在认识过程中的意义，就在于只有社会实践才能使人的认识开始发生，开始从客观外界得到感觉经验。一个闭目塞听、同客观外界根本绝缘的人，是无所谓认识的。”③ 马克思更是从实践哲学的角度而不是从实践与认识的关系角度，来阐明实践的本源性意义与价值。为此他指出：“哲学家们只是用不同的方式解释世界，而问题在于改变世界。”④

可见，高校德育的根本目的不在于让学生认识世界、解释世界，而在于改造世界、创造世界。要知道，真理从来都不会定格在已有的理论、概念和知识体系中，而只有在社会实践活动中才

---

① ［古希腊］亚里士多德：《尼各马可伦理学》，廖申白译注，商务印书馆 2003 年版，第 1103b26—1104a7 页。

② 《列宁选集》第 2 卷，人民出版社 1975 年版，第 142 页。

③ 《毛泽东选集》第 1 卷，人民出版社 1969 年版，第 267 页。

④ 《马克思主义经典著作选读》，人民出版社 1999 年版，第 4 页。

会得到真正的显现。因为德育关涉人的行为，而人的本质就是实践性存在，人的生命过程就是一个实践性过程。所以，作为针对人的成长而言的高校德育必须与人生命的实践性过程熔为一炉。

遗憾的是，当前高校德育有时习惯性地遗忘了真理的实践性本质，以为高校德育只是将现有的储存在“真理箱”中的真理拿出来展示给大家。事实上，高校德育一定要将人的实践性活动（主要指在校学生的实践性活动）作为其探究的最高问题，并使其成为一条普遍性原则。真正使“实践性”变成高校德育工作的内在品格，让其成为高校德育的“血和灵”。唯其如此，高校德育才可能将“育人”宗旨和主题“换算成”真理性实践课题。在此基础上，我们才可能将高校德育中的理论命题在“人的本质在于实践”这个平台上得以真正开启和展开，并在实践的逻辑中深化、拓展理论命题的边界。所以，高校德育中的问题从来就是在人的实践活动的基地上真正拓展开来的，也只有在实践的意义中才能得到真正的回答。

当今社会一个公认的事实是，作为人的实践性活动的边界正在扩展，其内在的丰富性正在逐步展开。高校德育必须清醒地面对这样一个事实：人们的生存方式、工作方式、交往方式、思维方式都在不知不觉中与网络信息时代熔为一炉。信息网络技术在全世界迅猛发展，网络应用开始向社会生活各个方面渗透，成为改变传统的生活方式和生产方式。人们的实践活动不再局限于人与人直接面对面地进行交往和活动，而是越来越多地通过网络进行工作、交往。因此，作为德育根源性的人的实践活动的方式方法也必然性地随之改变，这表现在时间上，则是人们的实践活动历时性与共时性的统一（即过去与现在同一），表现在空间上则是物理空间与虚拟空间的统一（真实与虚拟共在）。可以这样说，人的实践活动的虚拟化已成为整个时代的一种基本态势。

因此，人的实践活动样式的变革，特别是虚拟实践活动的产生必然性地导致高校德育方式的创新，德育情境模拟实验正顺应了这一变革的需要。我个人认为，人的虚拟实践活动的最大特点是“时空压缩”，它可以将不同时间、不同地方发生的各种实践活动通过网络这个平台压缩在一起，从而实现无数个点对无数个点（其实就是无数个正在进行实践活动的人）之间的无限链接。德育情境模拟实验说到底不是认识活动，而是通过虚拟性案例（案例其实就是一种人为创设的“时空压缩体”）的实验，来再现人的这种实践活动场景，从而有限呈现德育的实践本性，最大限度地实现高校德育的育人目标与宗旨。

第四章
德育情境模拟实验的学科理论与科学内涵

把情境教育模式与模拟实验方法相结合，运用于德育课程教学，是一种全新的德育实践尝试。深化德育情境模拟实验的理论研究和实践探索，就必须深入研究德育情境教育模拟实验的概念，科学界定德育情境模拟实验的科学内涵。德育情境教育的理论依据可以从哲学、脑科学、教育学、心理学、德育学等方面得到阐释。可以说，正因为有了充实的科学理论作为依据和支撑，德育情境教育模拟实验的效果才是可以预期的。

第一节　德育情境模拟实验的学科理论

德育是按照具体的教学要求，通过多媒体技术将德育案例转化为互动可视的模拟情境，并以实验的方式运用于教学，学生在实验中通过角色扮演和人—机互动的方式，完成特定的任务或解决特定的问题，以此增加学生对教学内容的“体悟”和理解，并突出提高理论应用能力。其理论依据主要包括：马克思主义关于人与环境的关系理论，其提供了模拟实验可以追本溯源的哲学依据；现代脑科学的结构功能理论，其阐释了模拟实验有效性的生理物质基础；心理学的移情理论，其描述了模拟实验发挥作用的心理情感机制；情境认知与学习理论，其显示了模拟实验与现代西方教育学学习理论关于“情境性”学习意义的研究成果相一致；德育方法论的态度形成理论，其揭示了模拟实验更符合德育作为一种综合性教育的本质。

一　马克思主义关于人与环境的关系理论

马克思主义认为，人是环境的产物。任何个体的成长都离不开环境的影响，不受环境作用的个体是不存在的。人只有在其活动与环境的交互作用中才能获得全面而自由的发展。人与环境的这种辩证关系，对于教育教学的方式方法一直都有着深远的影响。情境教育的出现，正是教育工作者基于对马克思关于人与环境的辩证关系的认识而提出来的。我国情境教育的主要开创者李吉林认为：“情境教育的‘情境’实质上是人为优化了的环境，是促使儿童能动地活动于其中的环境。”这种根据教育目标优化的环境，同样“可以做到主体的能动活动与现实环境优化的统一，激发儿童潜能与培养塑造的统一，最终达到素质的全面提高与个性充分发展的统一”。[①] 所以，李吉林等多次强调“情境教育是依据马克思关于人在活动与环境相互作用和谐统一中获得全面发展的哲学原理构建的”[②]。李吉林等对于情境的理解使得我们对于由情境教育演化而来的德育情境教育模拟实验有了可以追本

① 李吉林：《为全面发展探索一条有效途径》，《教育研究》1997 年第 4 期。

② 李吉林、田本娜、张定璋：《李吉林情境教学—情境教育》，山东教育出版社 2000 年版，第 73—79 页。

溯源的哲学依据。

不过也许有人会质疑，马克思所指向的环境是个客观存在的实体，李吉林等所强调的情境也多少涉及真实物景，而德育情境教育模拟实验中的情境却只是个虚拟的场景，这能适用该原理吗？对此，我们应该清楚“虚拟”并不一定就是想象的、虚幻的，它本身与当今社会的政治、经济、文化大环境紧密相关，而不是一种处于真空之中与世隔绝的情境。虽然德育情境教育模拟实验并不能为学生提供一个客观存在的真实环境，但可以通过技术手段为学生营造一个虚拟的情境，在这里学生同样可以获取与真实环境中相似的感受与体验，可以根据自己的想法做出道德判断，甚至能以预见自己选择的行为结果来反思道德判断。这说明德育情境教育模拟实验是将学生的道德学习活动与优化的虚拟情境有机统一起来的，在本质上仍然是符合马克思主义人与环境客观统一原理的。其实，我们应该看到，事物是不断发展的，环境的范畴也是不断更新的，对其原理的归纳要更贴近时代，与现行教育的阶段特征更为吻合和一致，这会使一些“老原理”富于许多的新意。

二　现代脑科学的结构功能理论

1981 年，美国的神经生理学家斯佩里获得了诺贝尔生理学、医学奖，因为他成功打开了大脑两个半球的秘密，告诉人们“这两个半球是高度专门化的，而且许多较高级的功能都集中在右半球”。这个发现，使得人类对自己大脑的结构功能产生了巨大的兴趣，经过 30 多年的研究，我们现在得知：人的大脑两半球既有专业分工，又有整体联系。左脑比较偏重于语言符号的信息加工和抽象深刻的逻辑思维；右脑比较偏重于情感活动和生动直观的形象思维；左右脑之间有一块胼胝体，在左右脑之间并行着每秒钟几十亿次的信息交换。因而，人的大脑好比同时开动的两架巨型电子计算机，在左脑抽象思维与右脑形象思维之间，产生着彼此互补、互相强化的耦合功能。[①] 从这个角度说，“对大脑的开发应是全脑的开发，如果大脑在完成某一特定任务时，只限于一个半球的功能发挥，就会导致另一个半球功能的弱化”[②]。若以此来审视传统的德育教学方法，不难发现其过于倚重对左脑功能的利用，相反对于影响人的非语言、非逻辑方面的潜能如直觉、创造力、想象力、情感的开发则相当的缺乏，学生的大脑右半球基本处于休眠状态，这在一定程度上阻碍了学生向更高层次的发展。

不过，我们欣喜地发现，情境教学法的出现，为解决德育教学中的这一问题提供了一种可能性。“情境教学—情境教育”展开的基本思路，是“右脑形象思维—课文语言符号—左脑抽象思维”的循序渐进，逐级上升，辩证转化。[③] 具体来说，就是运用情境，为学生展现“形”，进入“境”，激起“情”，最后上升至“理”。这里情境的运用就起着启动学生大脑形象思维能力的作用。而德育情境教育模拟实验，就是根据学生的思想实际与道德认知规律，借助于一定手段创设出一些生动直观的德育情境来激活右脑潜能。更重要的是，通过“情境体验”这一中介桥梁，学生的形象思维能力与抽象思维能力可以有机地结合在一起。这是因为，开发右脑的同时并不排斥左脑的作用。教师在将学生引入多媒体互动模拟德育情境进行全身心的感受、体验的同时，又引

---

① 高惠莹：《再论李吉林情境教学—情境教育实验》，《小学语文教学》1998 年第 9 期。

② 李庆明：《李吉林与情境教育》，国际文化出版公司 2003 年版，第 53 页。

③ 高惠莹：《再论李吉林情境教学—情境教育实验》，《小学语文教学》1998 年第 9 期。

导学生有机地将直观情境与所学道德观念与知识相结合，这就保证了大脑两个半球交替兴奋、互相补充协同工作，大大挖掘了大脑的潜在力量。

三　情境认知与学习理论

情境认知与学习理论是当代西方教育学中学习理论研究的热点，也是继行为主义“刺激—反应”学习理论与认知心理学的“信息加工”学习理论后的又一个重要的研究取向。该理论的贡献在于重新考量了知识与学习之间的关系，认为“知识只有在它们产生及应用的情境中才能产生意义。知识绝不能从它本身所处的环境中孤立出来，学习知识的最好方法就是在情境中进行”。[①]所以如此强调知识的情境性，是因为“该理论不是把知识作为心理内部的表征，而是把知识视为个人和社会、物理情境之间联系的属性以及互动的产物”[②]。也就是说，只有当学习被镶嵌在运用该知识的社会和自然情境中时，“有意义的学习”才可能发生。所谓有意义的学习，是指“学习不仅仅为了获得一大堆事实性的知识，学习还要求思维与行动，要求将学习置于知识产生的特定的物理或社会情境中，学习更要求学习者参与真正的文化实践”。[③] 相反，在脱离相关情境条件下获取的知识，经常是呆滞的、惰性的、不具备实践作用的、仅作为一种事实储备的“死知识”。而这也不是真正意义上的学习。

根据情境认知与学习理论对知识的“革命性”理解，道德知

① Brown J. S.，Collin A. & Duguid P.，“Situated Cognition and the Culture of Learning”，*Educational Research*，Vol. 18，No. 1，1989，pp. 32 – 34.

② 高文：《情境学习与情境认知》，《教育发展研究》2001 年第 8 期。

③ 同上。

识同样也具有情境性。但是，由于长久以来在教学上重视知识传授观念的影响，我们并没有建构起真正“有意义”的道德学习。换言之，我们总是让学生在脱离情境脉络的象牙塔里，先建构一些“非情境化的”、无背景的知识，期望日后能把它们应用于真实的世界中，这种非情境化学习在某种程度上是不现实的。因而，我们应该将互动性的情境体验纳入德育的视野，充分挖掘道德情境的作用，让学生在参与一系列道德情境中体验与习得道德知识，并形成稳固的道德行为习惯。而德育情境教育模拟实验正是基于这种理论认识而建构的，不仅充分重视道德知识的传授，而且十分强调学生在与道德知识相应的情境中的体验，从而在一定程度上为德育教学的实施开拓了新颖而有效的途径。

四　心理学的移情理论

移情是一个心理学概念，最早是由德国哲学家、心理学家利普斯提出的。他认为在认识领域里存在着物，自我和他者的自我三部分。物是通过感性的知觉来理解的，自我要通过内部的知觉才能理解，而理解他者的自我则必须通过移情。在这个意义上，利普斯把移情也称作自我客观化。① 目前，我国学者多把移情界定为一种情绪反应能力，是“个体根据真实或想象中的他人的情绪和情感状态，引起与其一致的情绪和情感体验的过程”②。正因为人具有这种移情本能，才使得人们能够分享他人的情感，对他人的处境能够感同身受。在一些心理学家看来，移情与道德、道德教育有着千丝万缕的联系。例如，美国心理学家霍夫曼

---

① 孙洪伟、陈健芷：《情研究述评》，《黑龙江科技信息》2009 年第 6 期。

② 徐婧：《青少年移情的道德教育价值初探》，《现代教育科学》2008 年第 4 期。

在研究移情的发展过程中发现，虽然个体最初的移情性情感的唤起是自动的、非随意性的，还谈不上道德含义，但“随着个体的成长，一个人的移情性情感的唤起可以通过语言的使用或设身处地的思考之类的认知活动而激发。这时，它就会具有某种道德意义”①。如我国“己所不欲，勿施于人”的忠恕之道与“老吾老以及人之老，幼吾幼以及人之幼”的待人之道，便是这种移情的产物。对此，心理学家认为，这是因为移情本身就含有一种“亲社会”动机，具有引发助人行为、抑制攻击性行为等亲社会功能。② 也正因如此，他们才觉得“道德的源头可从移情中去探索”。可以说，这种对“移情”心理的分析给了道德教育很好的启示。

在利用“移情”进行道德教育之前，需要注意到的是，虽然情感是人类所特有的，但它并不会凭空产生，必须由一定情境刺激引起。所以，为了更好地运用移情作用，教师需要营造相应的情境，让学生去感受情境，激起相应的情感。而事实上，德育情境教育模拟实验正是为学生提供了一种全新情境体验，能够使其形成“身临其境”的主观感受，并情不自禁地将自己的情感移入到案例故事的对象上，在情与境融合的作用下，达到“我他同一”“物情同一”的境界。在这里，学生从“无情”甚至某种厌烦，到对道德学习积极的态度倾向，再到激起一定的情感，逐步投入到道德学习活动中；然后，自己的情感不由自主地移入模拟德育情境的相关对象上；随着情境的延续，学生的情感逐步加

① 胡鹏、章明蕾：《移情在网络暴力游戏道德问题中的运用》，《湘潭师范学院学报》（社会科学版）2009 年第 1 期。

② 《教育——财富蕴藏其中》，联合国教科文组织总部中文科译，教育科学出版社 1996 年版。

深，最终情感全面渗透到学生个体内心世界的各个方面，作为相对稳定的情感态度、价值取向逐渐内化，融入学生的个性之中。由此可以看出，德育情境教育模拟实验其实就是一种道德移情的过程。它的价值在于能激发作为个体道德行为内驱力之一的道德情感的产生，进而促使他律的道德准则和道德规范在情感的支配下内化为自律的规约感，最终使个体形成主动追求善的信念与愿望。也就是说，德育情境教育模拟实验所开辟的不同以往的以"境"育情的德育手段，恰如其分地体现了移情理论。

五　德育方法论的态度形成理论

德育教育主要是进行世界观、人生观、价值观、道德观、法制观等方面的观念教育，而观念教育并不只是一般的知识教育，其核心是一种态度的形成或转变。作为具有综合心理结构的态度是由认知、情感、行为倾向等多种要素组成，因而态度的形成遵从人的心理形式的一般规律。其中认知是开端和基础，情感起着内驱力和催化作用，意志起着定向作用，在知、情、意交互作用的基础上，通过一定的训练和养成，形成行为习惯，最终完成具有相对稳定性的态度的形成或转变。也就是说，作为人的完整的态度的形成，应该是人的知、情、意、行共同作用的结果。知识教育主要有助于提高认知水平，而真正完整的态度的形成仅此远远不够，还需要情感的共鸣，意志的控制，行为的养成。正因为此，德育并不主要是更不等同于知识教育，而是一种具有综合性的教育。也正因为此，两千多年前古希腊哲人亚里士多德所提出的"美德是可以教的吗?"不无深意。现代哲学家、教育学家杜威所提出的"教育即生活"不无道理。因为这种综合性的教育不只是从别人那里听来的或者从书本中学到的间接知识，更是某种感同身受的直接体验，从而获得一种个人信念上的认同，由此才会导致相应的行动。我们可以把这种综合性的教育称为“体认”，如果说学习知识主要靠传授，掌握技能主要靠训练，那么形成态度则主要靠体认，其源头来自于现实生活。

当然，具有具体教学目标的德育课不可能被现实生活所替代，但需要理论联系实际，需要“回归”生活、贴近生活，来最大可能地实现“体认”。为此，教育工作者总结、创造了案例教学、情境教学、多媒体教学、实践教学等不同的教学手段和方式，并卓有成效地运用于教学实践。正是在此基础上，我们进一步提出了模拟实验方式。这种模拟实验方法既不同于通常以语言、教具为主要手段来创设“情境”的一般情境教学，也不同于缺少互动参与的单向多媒体演示教学，而是把情境教学这种现代教育模式与计算机多媒体模拟这种现代技术相结合，以一种新的互动体验式方法进行教育教学。当然，这种方式不应冲淡更不能取代理论教学，而是像其他一些教学方法、教学手段一样，是对理论教学的一种重要辅助。但相对于一般的案例教学、情境教学和多媒体教学等教学方法，模拟实验在案例内容上更丰富、更系统，在情境创设上更直观、更生动，在互动形式上更直接、更具体，从而更容易获得一种感同身受的“体认”。

德育情境教育模拟实验的实践尝试表明，其理论基础是科学的，应用技术是可靠的，运作方式是合理的，教学效果是明显的，应用推广是可行的。尽管如此，我们所做的一切还只是一种初步尝试，我们期望有更多的同行加入，大家一起继续探索和实践，就像当年把只属于自然科学的实验科学引入社会科学一样，逐步把实验科学引入属于人文科学的德育教学。我们相信，只要承认德育的科学性，就必须承认其客观性和实证性，而实验乃是科学实证的基本途径。

第二节　德育情境模拟实验的科学内涵

深化德育情境模拟实验的理论研究和实践探索，就必须深入研究德育情境教育模拟实验的概念，在情境、情境教育与德育情境教育的比较和区辩中，概括和凝练德育情境模拟实验的科学内涵，为开展德育课情境模拟实验提供前提。

一　情境、情境教育与德育情境教育

先来看看情境的含义。在《辞海》中，情境被释为“一个人在进行某种行动时所处的社会环境。是人们社会行为产生的具体条件……包括机体本身和外界环境有关因素”①。据此，或许会有人草率地认为情境就是一种环境。但事实上，情境并不等同于环境，除了外界环境因素，情境还包括“机体本身等因素”。也就是说，与环境“指涉活动主体置身于其间的物质的、外在的、客体的存在对象”不同，情境还“关涉活动主体所拥有的‘文化的、精神的、心理的、内在的、主体的’体验、氛围和人际互动”。② 因而，情境并非一般意义上的环境，它带有一定的主观色彩。换言之，人的情感注入是情境得以存在的前提条件。没有人参与的情境就只是静态的环境，不能称之为“情”境。正所谓“身与事接而境生，境与身接而情生”。因而，有的学者认为情境是“由人的主观心理因素（认识、感情、意志、行为和个性）

① 《辞海》，上海辞书出版社1999年版，第2814页。

② 肖川：《教育情境的特质》，《中小学管理》2000年第2期。

和客观环境所构成的情与境的总和”。[①] 简言之，即有情之境。

不过，若仅从这个层面理解，还不能全面揭示“情境”之意。众所周知，中华文化博大精深，其语言与汉字更是充满奥妙与神奇。一般提及“情境”时人们常常会联想到与其音同、义近的另外一词——“情景”，也释为有情之景。因而，张冠李戴时有发生。那么，“情景”与“情境”真的相同吗？答案当然是否，此“景”非彼“境”也。所谓情景，“景，外界的景物；情，由景物所激起的感情”[②]。可见，“情景”是以景为基础，同时又以景为媒介来激起情感或激发兴趣的。情景是必须有实实在在的景物的；而情境则强调为一种背景，是一些因素——背景和因素都不一定是真实的物，所以情境既可以是物化的，也可以是抽象的。[③] 也就是说，在呈现形态上，情景之“景”无论是现成的还是人为创设的始终指向的是实实在在的景物，而情境之“境”则不然。它除了包含有可让人感知的具体的实在情境外，还包括以其他手段所人为创设的“虚化”情境。例如，以绘声绘色的语言描述，或以优美动人的音乐渲染，或以简约洗练的笔画勾勒等方式来使人感受或联想到相应的意境、气氛、境地。由此，相比情景而言，情境是个上位概念，其含义更深、内容更丰富。

当然，不可否认，情景与环境在一定条件下也可以被人为优化，并赋予一定的教育目的，为教育教学服务。但仔细分析之后就会发现，由于情景与环境的实在物景的指向使得这二者的人为

---

① 胡兴松：《政治课教学方法续论（二）情境教学》，《中学政治教学参考》1999 年第 9 期。

② 《辞海》，上海辞书出版社 1999 年版，第 2814 页。

③ 张弛：《小论情景教学，情境教学和情境教育三者的联系与区别》，《科学教育》2007 年第 13 期。

优化更多地受制于客观条件。而情境则刚好相反，不会受客观条件过多的限制，能够为教育者提供更广泛的能动性发挥的空间，使其能精心选择或创设他所需要的教育情境，从而更多地体现教育者的意图。例如，除了利用实体情境（实在物景）外，教师还能借助一些辅助工具或手段创设出符合教学需要的模拟情境、语表情境、想象情境、推理情境、问题情境等不同类型的情境。因此，这使得本身就有强烈吸引力与情感驱动力的情境更具教育价值。或许正因如此，情境教育才取“情境”而非“情景”为名。

情境教育。在心理学中，情境曾被简化为“一组刺激”。这是因为，一方面，“情境”可感与直观的特性，能够强烈地吸引人的感官，引起人的注意及兴趣；另一方面，“情境”强大的情感驱动力，能够引起人们情感上的共鸣，进而打动人的心灵。这种特质使得“情境”在教育上有着复杂而深远的意义。

在我国，虽然利用“情境”进行教育教学古已有之，但真正将“情境”概念引入教育教学研究领域、进行系统化理论化研究的第一人首推李吉林。她经过长达 20 多年的实验与探索，创造性地构建出了一个充满本土气息和时代精神的教学理论与实践的体系——情境教学，这是一种“充分利用形象，创设典型场景，激起学生的学习情绪，把认知活动与情感活动结合起来的一种教学模式”①。

在理论建构上，情境教学形成了以“形真”“情切”“意远”“理寓其中”四个基本特点和以促进学生全面发展、素质整体提高为目的的教学活动的“五要素”，即以培养兴趣为前提，诱发

① 李吉林：《小学语文情境教学——李吉林与青年教师的谈话》，人民教育出版社 2003 年版，第 5 页。

主动性；以指导观察为基础，强化感受性；以发展思维为重点，着眼发展性；以情感因素为动因，渗透教育性；以训练语言为手段，贯穿实践性。在实践操作上，通过不断探索、总结、筛选，逐步形成了以“美”为突破口、以“情”为纽带、以“思”为核心、以“练”为手段、以“周围世界”为源泉的情境教学操作模式。[①] 不过在李吉林看来，情境教学不仅要用在教学的开头阶段，而且还辐射、贯串于整个教育教学过程；不但在教室中创设，还可以带学生到大自然、社会大课堂中去，让学生在现实场景中去感受、体验、思考。带着这种思考，她随后又进一步深化和拓展了情境教学理论并最终构建了更具普遍意义、更加系统的情境教育理论与实践体系，从而使得我国的情境教育研究与实践获得了空前的发展。

德育情境教育，是教育者根据教育目的和受教育者的身心发展特点，有目的、有意识、有计划地创设贴近受教育者生活实际的情境，引导他们融入其中，激发他们的智慧，鼓励受教育者自主选择道德行为方式，并在情境中加以训练与体验，以促进受教育者道德品质内化和道德习惯形成的道德教育模式。[②] 在理论渊源上，虽然它由李吉林情境教学—情境教育发展而来，但它也汲取了当前国内外主流的道德教育理论与道德教育模式的精华，才形成了其尊重学生情感体验、启发学生道德智慧的优点。

一般来说，建构这种道德教育模式最基本的就是要创设合乎需要的德育情境，这是情境教学法的核心与重点，情境创设的好

---

① 田慧生：《情境教学—情境教育的时代特征与意义》，《课程教材教法》1999 年第 7 期。

② 潘月俊：《德育情境教育：“指导”学生生长的道德教育》，《思想理论教育》2002 年第 10 期。

坏事关整个教学的效果。目前，对于德育情境的创设，尽管有不少学者都提出了自己的观点，但总体来说，仍然没能突破固有的思维范式，尤其在课堂情境的创设方面。众所周知，作为我国情境教学—情境教育的创始人，李吉林曾提出创设课堂情境的六种途径：一是以生活展现情境；二是以实物演示情境；三是以图画再现情境；四是以音乐渲染情境；五是以表演体会情境；六是以语言描绘情境。在某种意义上，李吉林提出的课堂情境创设策略具有一定的完整性，因为它囊括了在当时的条件下力所能及的课堂情境的创设方式。但是，我们知道时代在发展，社会在进步，从音像、计算机虚拟、多媒体信息技术到互联网等各种现代技术的快速发展，早已为我们提供了创新课堂情境的可能性。突破传统定式思维，创设新型课堂德育情境已刻不容缓。

二 德育情境模拟实验的内涵

所谓实验，可以有广义和狭义之分。广义的实验按照国际通行的理解，是指解决一个或几个精心构思的问题的行为过程。① 这与《现代汉语词典》对“实验”的解释类似，即实验是“为了检验某种科学理论或假设而进行某种操作或从事某种活动”②。广义的实验通常包括现场实验和实验室实验。狭义的实验主要是指实验室实验，它是根据一定的目的，在人为条件下，通过特定操作进行科学研究和学习活动。③ 在实验科学中，人们从实验的

① ［美］玛·吉·纳特雷拉：《实验统计学》，毛镇道、蒋子刚译，上海翻译出版公司1990年版，第224页。

② 中国社会科学院语言研究所词典编辑室编：《现代汉语词典》（修订本），商务印书馆1996年版，第1146页。

③ 夏征农主编：《辞海》，上海辞书出版社1999年版，第2744页。

目的、手段、实质等方面来更具体地理解实验，进一步解释为：实验是人们根据一定的科研和教学需要，运用各种仪器设备手段，突破自然条件的限制，在人为控制和干预客观对象的情况下，观察、探索事物本质规律的一种学习研究活动。[①] 所谓德育，也有广义和狭义之分。广义的德育包括思想、政治、道德、法律等方面的教育，它与智育、体育、美育等概念范畴相对应。而狭义的德育单指道德教育。[②] 所谓情境模拟，在情境教学中作为情境创设的其中一种类型，是由我国情境教育的首创者李吉林老师较系统地提出的。她把情境教学中的情境大致分为实体情境、模拟情境、语表情境、想象情境、推理情境五种。其模拟情境是指"根据教学的实际需要，抓住事物的主要特征，运用一定的手段进行复现，形象地反映事物的特点"[③]。

人文社科的实训教学在我国高校正处于探索阶段，故此对于"实训"有多种探讨。"实训"本是"实战训练"的简称，它是对抗性竞赛项目的主要训练方法。演化到计算机职业教育中，"实训"变成一种教学模式，通常由理论强补、操作学习与企业实习三个环节构成，目的是直接给企业培养所需要的具备职业技能的人才。再演化到目前人文社科类的教学方式，"实训"成为一种课程，旨在以训练学生的实践能力为目标，此时，"实训"成为"实践能力训练"的简称。如果按照这种概念理解，德育情境模拟实验与实训存在以下主要区别：首先，是目的上的区别。实训的主要目的是通过训练培养实践能力特别是动手操作能力；实验不仅要培养这种能力，还要培养如何提出问题、分析问题、

---

① 张永兵等：《教学实验室导论》，山东教育出版社 2002 年版。

② 徐少锦、温克勤主编：《伦理百科辞典》，中国广播电视出版社 1999 年版，第 1177 页。

③ 《李吉林文集》，人民教育出版社 2006 年版，第 32—33 页。

解决问题的思维能力，还包含对理论本身的检验，而实训没有对理论的检验环节。其次，是结果的区别。实训时问题已经有确定的答案，其结果是确定的；而实验中问题的答案往往是不确定的，其结果也是不确定的。最后，是条件的区别。实训可以在人为条件下进行，也可以在现实条件下进行；情境模拟实验则一定是在人为条件下进行的。当然，因为实验与实训在目的、条件等方面存在交互性，在内容方面有类似性，所以，实验场所也可以进行实训教学，在现实教学中，有时“实验”概念可以包含或替代“实训”概念。

德育实践教学在我国通常也称为思想政治理论课实验教学。对其内涵目前有不同理解，较有代表性的观点认为：高校德育实践教学“是在教师的指导下，依据课程的内容和要求，以组织和引导大学生主动参与实际生活和社会实践、获得思想道德方面的直接体验为主要内容，以提高大学生思想道德素质为目标的教学方式和教学环节”①。德育实践教学的具体形式可以分为自我实践和社会实践两大类，并以社会实践为主。自我实践是在学生自身范围内进行的现实生活和情境模拟活动，如文明修身工程、模拟法庭、情景剧演出等，社会实践是在社会范围内进行的有关实践活动，主要包括参观、调查、服务等活动。② 德育实验与德育实践的区别主要有三方面：首先是具体目标不同。德育实验通常是围绕验证或说明某一具体理论、观点、问题来进行，其目标比较单一、具体，教学的针对性很强；德育实践一般是围绕某一方面内容或某一主题来进行，其目标比较宽泛、宏观，教学的针对性

① 黄焕初：《高校思想政治理论课实践教学环节的界定》，《江南大学学报》（人文社会科学版）2005 年第 6 期，第 97—99 页。

② 罗石：《“两课”社会实践可行性分析》，《思想理论教育导刊》2002 年第 7 期。

相对比较弱。其次是基本条件不同。德育实验是在人为条件下进行，而且事先对实验要素进行了严格的人为设计，具有严格的实验控制过程；德育实践则是在现实条件下进行，实践过程往往具有诸多不可控制的因素。最后是教学效果不同。德育实验有助于学习、掌握某一具体理论或某些变量关系，并提高相应的应用能力，其教学效果通常是可以预期并达到的；德育实践有助于了解相关的国情、民情、社情，锻炼综合能力，其教学效果常常不能完全预期和达到，有时甚至可能产生与预期相反的效果。需要说明的是，这里所说的“实验”是指狭义的实验室实验，如果是广义的“实验”即包括现场实验，那么，德育实践一定程度上也可以看作是一种广义的“实验”。

案例教学（Case teaching）自1870年由哈佛大学法学院开创性地使用以来经历了百余年的多学科应用于发展，20世纪80年代初案例教学引进我国并得到广泛应用。对“案例”有不同的理解，中国案例研究会会长余凯成教授的观点是：“所谓案例，就是为了一定的教学目的，围绕选定的问题，以事实作素材，而编写成的某一特定情景的描述。”① 以此为基础，我国知名学者靳玉乐认为，所谓案例教学是一种特定的教学方法，即在教师指导下，根据教学目的的需要，采用案例来组织学生进行学习、研究、锻炼能力的方法。② 由此可以看出实验教学与案例教学具有明显区别：其一，案例教学以既成事实和结果的现实案例为基础来进行；实验教学则以未成事实和结果的人为设计条件为基础来进行。其二，在案例教学中学生是以“事件”“旁观者”的身份

① 转引自郑金洲《案例教学指南》，华东师范大学出版社2006年版，第2页。

② 张家军、靳玉乐：《论案例教学的本质与特点》，《中国教育学刊》2004年第1期。

对案例进行分析、讨论；在实验教学中学生是以“事件”“当事者”的身份直接参与互动。其三，案例教学在效果方面更突出理性反思；实验教学在效果方面更突出感性体验。所以，案例教学与实验教学各有特点，不可互相替代。作为德育情境模拟实验，一定程度上可以在德育案例的基础上进行案例情境模拟设计，进而进行案例情境模拟实验。就此而言，实验教学是案例教学的再发展和再创造。

所谓德育情境教育模拟实验，即依靠多媒体信息技术将按照一定的德育目标与需求所编创的德育案例转化为可视的虚拟情境，从而使学生在人机交互的过程中进行道德学习的德育模式。这是教育信息化时代所提出的一种寓教于乐的德育形式，本质上虽然仍属于德育情境教育的范畴，但它与传统德育情境教育所采取的情境创设方式完全不同。它不需要学生移步户外，更不需要学生凭大脑想象或角色模拟表演，而是利用技术手段将“德育情境”直观形象地再现出来。这种再现并非单线程的电影播放，而是一种人机交互的过程。它不仅仅是提供给学生一个直观感受的机会，而是创造一个学生知、情、意、行全面参与的虚拟情境，使学生有身临其境之感。这种情境能够把学生的非智力因素全面调动起来，明显激发学生学习的积极主动性。并且，与传统的德育情境教育相比，这种依靠多媒体信息技术、建立在计算机网络平台之上的新型德育情境教育，易使学生深入认识到道德选择的价值追求、判断逻辑和可能代价，进而提高学生的道德认知能力和道德实践能力，这在一定程度上有助于德育教学效果的改善。客观而言，这种“情境”创设方式使得德育情境教育的内涵、方式及其运用都发生了根本性的改变。这不仅为德育情境教育的发展提供了新的契机，更有助于推动有关情境教育的理论研究与实践跨入一个新的发展阶段。

在明确上述基本概念的基础上，可以将目前我们所开设的德育情境模拟实验做出相应概括，其实验内涵属于狭义的实验室实验，其德育内涵属于广义的德育范围，其情境创设手段主要是运用计算机和多媒体技术。具体大致可以界定为：所谓德育情境模拟实验，是指根据思想、道德、法律、哲学等方面的教学和研究需要，运用计算机和多媒体技术通过人工设计的控制软件进行问题描述和情境模拟，实验者通过人机互动完成特定的任务或解决特定的问题，从而将特定的德育理论转化为具有操作性的实践过程，以学习体验或检验探索特定的德育理论，同时提高理论应用能力。

第五章

视觉文化的德育功能及其实现

当前社会处在一个视觉文化时代，人们的生活经验比以往任何时候都更具视觉性或者更加视觉化，视觉文化通过网站、电视、电影、可视电话、视频等各种各样的形式，给人们提供了丰富的、大量的、不同的视觉文化信息，占据了人们的生活，为人们的文化生活增添了精致的、感性的色彩。以图像、影像为主要内容的视觉文化带给我们新的选择、新的感受、新的经验，成为我们认知世界、把握世界的主要途径，对于人们尤其是青少年，电影、电视、广告、网络、漫画等视觉文化已经成为其日常生活中不可或缺的重要部分。同时，视觉文化非常庞杂、广博，存在不同性质、不同内容的视觉文化，一些不健康的视觉内容会冲击社会道德，造成人们价值观混乱、迷茫。在新形势、新情况下，以一种冷静、客观、全面的态度审视视觉文化，认真挖掘视觉文化的德育功能，并寻求更多途径、更多方法发挥视觉文化的德育功能是当前思想政治工作的重要内容。视觉文化是德育的重要载体，能够承载价值、传递思想，具有重要的德育功能，与语言文字不同，视觉文化的德育功能主要体现在其价值导向功能、情感陶冶功能、德智互补功能、以美引善功能等方面。视觉文化的德育功能的发挥，在德育目标上体现出内隐渗透性，在德育手段上体现出多元虚拟性，在德育内容上体现出生动具体性。视觉文化把抽象的道理寓于直观的、生动的、形象的事物、人物、场景之中，对青少年进行思想道德教育的活动。视觉文化德育功能的实现需要发挥个体的主观能动性，需要创作者树立德育意识，规范和约束视觉文化的传播环境，提高个体的视觉文化素养，构建学校—家庭—社会三位一体的视觉文化氛围，积极运用视觉文化技术和互联网的优势，有效地促进视觉文化和德育工作的有机结合，大力传播符合社会主流价值的视觉文化。

第一节　视觉文化：日益勃兴的文化形态

当代思想文化的一个重要表征，就是由文字、语言的抽象化传达转到以图像、影像为主的视觉化、形象化表达上来，视觉文化日益成为当前文化的核心要素和文化发展的主导力量。当前，我们正经历着一个人类历史上从未有过的视觉图像的集约而丰盛的时期。“在历史上的任何社会形态中，都不曾有过如此集中的形象，如此强烈的视觉信息。”匈牙利电影理论家巴拉兹将视觉文化看作是与语言为核心的“印刷文化”相对的文化现象和文化实践活动，1913 年在《电影美学》一书中他首提“视觉文化”这一概念，并科学预言“随着电影的出现，一种新的视觉文化将取代印刷文化”。而后，海德格尔以深刻的“世界图像时代”的隐喻，道出了关于当代文化形态转变的真相，进一步丰富拓展了视觉文化的内涵。“从本质上看来，世界图像并非意指一幅关于世界的图像，而是指世界被把握为图像了。”视觉文化可以视为现代社会的标志，当日常生活图像化呈现并“被把握为图像时”，表明人类步入“世界图像时代”。20世纪60年代德波大声宣布“景象社会”的到来，麦克卢汉则立足大众传播媒介的变革，考察论证了电子媒介文化的到来，从巴拉兹到海德格尔，再到德波以及麦克卢汉，视觉文化在技术和价值层面上的主题逐步凸显、深化。80年代，越来越多的思想家关注并沉迷于“图像的转向”，古德曼的“艺术语言学”，本雅明的“机械复制时代”，博得里拉的“类像时代”，福柯所揭示的权力中语言和视觉的断裂，巧合的是，后现代哲学家几乎都关注并回应了视觉文化的问题，这充分表明视觉文化成为文化探索的前沿和热点，也深刻昭示视觉文化日益成为社会生活中具有普遍影响的文化形态。

无论是“世界图像时代”，还是“景观社会”，抑或是“图像转向”的提出，最直接的原因无疑是视觉文化的异军突起，摄影、插图、电影、电视、广告、主题公园、游戏等，不啻是这种文化样态的生动注脚。互联网技术的出现和发展，创新了视觉文化生产、储存、传播和消费的载体，推动着视觉文化的拓展和飞跃，标志着走进数字化、虚拟化、影像化时代。网络视觉文化通过网页视觉传达设计、网络视觉图像、网络视频影像、卡通图片、QQ表情和网络游戏等形式，促进了视觉艺术与信息技术深度互动、融合，实现了视觉文化人际传播、群体传播、组织传播和大众传播的统一，人们可以随时随地、随心所欲地创作、复制、传播和消费视觉文化产品，极大地丰富了视觉文化的内容和形式，拓展了视觉文化传播的渠道和领域，视觉文化呈现出数字化和艺术化、网络化与生活化、主导化与多样化、精英化和大众化、个性化与共享化、视觉化与思想化、教育化与娱乐化相融合的新趋势。改革开放以来，我国文化发展尤其网络文化发展中的视觉化趋向异常突出，当代人尤其是年青一代，被各种图像、影像、符号围困和规训，对于电视、电影、摄影、广告、动漫、网游、MTV、视频等视觉媒介的依赖度越来越高，他们对琳琅满目的视觉形象具有天然的感知灵动和审美偏好，认知模式和思维方式也趋于视觉化，视觉文化甚至成为他们一种必不可少的生活方式。分析视觉文化产生和发展的客观必然性，利用视觉文化向社会大众尤其是青少年传播价值观念和意识形态，是当代视觉文化“以文化人”“以文育人”的内在要求。

视觉文化作为一种客观而广泛存在的文化现象，其产生、出现和发展有其客观必然性。不可否认，视觉图像的直观性和瞬时性特征，容易造成人们惰于理性思考，沉溺感官刺激，过分追求新奇，迷恋轰动效应，有时不免流于肤浅、浮躁、庸俗，潜藏着一种文化认同危机。尤其是，视觉文化根植于社会生活实践，包含着广博而庞杂的内容，“图像”泛滥、庸俗肤浅的现象也确实存在，人们的人格、思想和见解可能会受到不良视觉文化的扭曲甚至误导。然而，这并非视觉文化发展之必然。视觉文化既不贬损、压制“感动”“震撼”“韵味”等审美直觉，也不排斥、反对“崇高”“洗涤”“省思”等精神净化，视觉盛宴、道德叙事、价值传递、话语表达完全能够在视觉文化中实现统一。集思想性、艺术性、审美性于一体的优秀的视觉文化作品及其塑造的形象，往往能够跨越时空，感染、激励和教育一代又一代的人们，产生持久而深远的吸引力、震撼力和影响力。当前，我们要明确我国视觉文化的发展态势和结构特征，以明辨而清晰的文化自觉，主动占领视觉文化阵地，整合运用多种资源，积极推动思想观念的形象塑造、视觉传达，发挥视觉文化“化人”的力量，使人们获得思想上的启迪、价值上的引领和实践上的深化。

第二节　视觉文化的主要德育功能

习近平总书记强调创作者要承担以文化人、以文育人的职责，视觉文化作为一种广博的社会现象，包含庞杂的内容。优秀的视觉文化作品往往能够通过生动、形象的人物塑造、情感建构、意境营造等体现历史、文化、人性的内涵，把崇高的价值、美好的情感融入其中，用独特的思想启迪、润物细无声的优秀艺术熏陶人们的心灵，传递积极向上、乐观向善的价值观，引导人们培养高尚的道德修养，从而具有思想的穿透力，审美的洞察力，形式的创造力，发挥出重要的德育功能。

视觉文化的德育功能，主要体现在：一是视觉文化通过形象、图像、影像等承载和传播价值理念和思想观念，发挥着重要的价值导向功能；二是视觉文化寄托和传递了人们的某种感情，促使人们产生情感的共鸣共振，发挥着重要的情感陶冶功能；三是视觉文化超越传统线性的、单向的思维方式，聚合形成一种创新性思维，形成新的道德认知、道德思维能力，具有重要的德智互补功能；四是视觉文化能满足和发展人们的审美需求，给人们带来一种精神上的愉悦和享受，促进艺术作品与人之间的精神沟通和心灵对话，促进人格的全面发展，具有重要的以美引善功能。

一　价值导向功能

人的价值观念并非是与生俱来的，而是在与他人、社会之间的相互影响中，经过长期积累、凝聚、内化和整合的过程逐步形成的。随着社会的不断发展和实践活动的不断推进，相应地，人的价值观念也在不断发生着变化。视觉文化作用于人的视觉感官，是传播思想内容和价值观念的重要载体，具有重要的价值导向功能。视觉文化的价值导向功能体现为在多元价值中实现主流价值的传播，在当代，就体现为社会主义核心价值观的传播；在不同的价值观念的比较、碰撞和交流中，通过对先进价值观和落后价值观、中国价值观和西方价值观、一般价值观与主流价值观的比较，实现对主流的、先进的社会主义核心价值观的思想和情感认同；体现为使人们在多元价值当中、不同价值比较中发挥主流的、先进的价值观念的引导和规范作用，从而影响对方和约束个体的行为。

（一）价值多元与价值传播

价值观念的多元性决定了文化形态的多元性，人的思想价值观念的多元化决定了视觉文化形态的丰富多元。价值观念的传播一方面是与价值观念本身的科学性、真理性、思想性有关；另一方面是与具体的传播方式、传播效率、传播媒介有关。

在当前社会，运用视觉文化进行价值传播是一种较为有效的传播方式。其有效性和有效作用主要体现在以下方面：一是得益于信息技术尤其是互联网技术的发展，视觉文化得到了极大的增殖，其数量之大、范围之广、内容之多，是传统社会无法想象的。也就是说，在视觉文化时代，视觉文化广泛存在于社会生活的方方面面、视觉文化的类型十分丰富、视觉文化的资源易于获取，这给德育工作者综合选择、合理运用适用于不同群体的视觉文化提供了极大的便利。另外，价值观念总是抽象的、概括的，相比于语言文字传播单一、机械的方式，视觉文化的传播方式更加生动、形象，更符合人们从形象到抽象、从个别到一般、从感性到理性的认识规律。列宁指出：“人的认知规律是从生动直观到抽象思维，并从抽象思维到实践，这就是认识真理，认识客观实在的辩证途径。”[①] 也就是说，人们认识事物是在感性认识的基础上再上升到理性认识，运用视觉文化的传播适用于从感性认识到理性认识，从抽象思维到形象思维，从而增强价值传播的实效性。

（二）价值比较与价值认同

人的价值观念受着人的实践活动的影响。在经济全球化快速发展的时代，人类社会和生活不再局限于国家和地区，可以实现全球范围内全方位的交流、沟通和联系，而这种全球化的联系势必会从政治领域延伸至经济领域，进而延伸至文化领域，国家和地区之间的政治互动性、经济依存性必然会推进中、西方不同价值观念的冲突、交汇以及融合，不同体制下的思想、观念往往会呈现多元、复杂的态势。尤其是西方国家以它的经济发展优势向发展中国家以视觉化的方式不断地输入价值观念。

在价值多元化的年代，不同价值观的比较不可避免，而且日益频繁。我们需要运用视觉文化的方式开展先进与落后、中国与西方的价值观比较，使得人们在丰富的视觉文化中认识、领会、认同社会主义核心价值观的先进性和进步性，开展不同国家视觉文化符号蕴藏的价值观的比较，在不同的价值的比较中，去其糟粕、取其精华，吸收先进的价值观，摒弃落后的价值观，使人们达到从眼睛到心灵的深度的价值认同，实现对先进的、主流的社会主义核心价值观的认同。

（三）价值选择与价值导向

在多元价值传播中体现价值主导，用视觉文化这种方式展示

---

① 冯增信：《实践不是认识过程的第三阶段》，《复旦学报》（社会科学版）1980 年第 6 期。

社会主义核心价值观的精神内涵和实质内容，把社会主义核心价值观的理念、观点、原则用优秀、经典的视觉文化展现出来，在多元价值中发挥价值导向的作用，是视觉文化发挥德育功能的重要内容。当前，在传播核心价值观方面，我国已经积累了很多好的经验和做法，比如社区墙壁上以漫画涂鸦的艺术形式宣传社会主义核心价值观；校园中教师倡导学生拍摄好人好事、乐于助人的短片等，这些通过视觉文化的方式进行价值导向的教育，对于人们在多元文化和多元价值观中正确理解核心价值观，并且做出正确的价值选择，起到了很好的宣传、教育作用。

随着经济的快速发展，视觉文化在当今社会的影响力也逐渐扩大，思想政治工作者应当具有高度的觉悟性，清晰地了解视觉文化自身具有传播影像化、图像化的特点，以及传播价值观念快捷而广泛的优势，努力把社会主义核心价值体系中的核心概念和基本原则，融于生动形象、丰富多样的具体文化形态之中，积极实现透过感性看理性，透过现象看本质，促使社会主义核心价值观能以一种感性形象为广大社会成员轻松、愉悦地接受，为人们所喜闻乐见，有利于更好地开展思想政治教育工作，增强对广大社会成员的整合效力，进而充分发挥社会主义核心价值观对各种社会思潮或价值观念的主导和引领作用。

二　情感陶冶功能

视觉文化通过塑造夸张、生动的形象来模拟和反映现实社会，并用它们来激发与现实社会中的人物、物体以及地方等相联系的态度和情感，将一定的思想内容隐含或者巧妙地融入到生动、具体的形象之中，从而引起人们的情感反应。视觉文化的情感陶冶功能主要体现在通过生动的形象塑造寄托人们的某种思想感情，以细节性的信息再现或者情景式的视觉作品促使人们产生情感共鸣，在不断的情感渲染和情感熏陶中，达到情感升华。

（一）形象塑造与情感表达

视觉文化往往寄托了创作者的一种思想感情，创作主体在创作视觉文化作品时会自觉不自觉地投射和融入自己的丰富情感，使得其视觉文化作品体现出一种强烈的情感倾向和情感特征，而创作者在欣赏视觉文化作品时，往往要精心选择、锤炼、推敲细节、特征、情节，比如绘画、光影等表达情感，以表达自己丰富的、深刻的情感。

事实上，只有具有丰富情感的视觉文化作品才是有灵魂的，而寄托着创作者丰富而厚重思想情感的视觉文化作品往往更能唤起人们快乐的、悲伤的、肃穆的、紧张的、庄严的思想情感上的反应，这是因为视觉文化包含大量细节，更加生动，更加含蓄，又常常与个体的经验、认知紧密相关，唤醒人们似曾相识的感受，使得记忆储存更长久，比单纯的理论的方式更容易让人理解和接受。在美国经济萧条时期，人们的情绪普遍较低落、消极，迪士尼创作了积极、乐观的米老鼠形象。米老鼠纯朴、执着、好脾气，遇到挫折和困难时愈挫愈勇，不放弃、不退缩，以此给了人们很大的精神鼓励，带动人们积极的情绪。曾经轰动全世界的著名作品《饥饿的女孩》带给人情绪及视觉上的震撼：女童即将饿毙而跪倒在地，秃鹰处在女孩后方虎视眈眈，禽类的强势与孩子的弱小与人们的正常思维形成巨大反差，正是这样的视觉反差更能反映出非洲地区人们的贫苦生活，给人更加强烈的视觉冲击和思想冲击，引起人们的同情心和密切关注，产生心灵上的震撼。

（二）形象传播与情感共鸣

视觉文化的视觉性特征与人的情感往往有着密切联系。创作者在创作视觉文化过程中渗入情感，激发人们的主观情绪体验，唤起人们快乐的、悲伤的、肃穆的、紧张的、庄严的思想情感上的反应，受众往往根据自己的经验积极地获取视觉文化当中的信息。

视觉文化传播的过程，对于受众来说，一方面是受众的一种神经反应的生理过程，比如对于图像的一些物理特点的把握，主要表现为图像的色彩、设计、构造等；另一方面又包括一种高级的人类情感，主要表现为看见抗战影片就会激发爱国精神等，这种情感是通过联想、想象来实现的，它必然聚焦视觉文化的细节特征，把所有的细节特征整合，产生一种强烈的视觉，促进情感共鸣。《舌尖上的中国》是一部传承中国美食文化和中国精神的优秀纪录片，是一个民族的情感共鸣。它深入美食背后，讲述优秀文化的传承与创新，探讨当今社会中人类应当与食物和睦共存，与大自然和谐相处，美食和美食背后的人与事无不散发着中国韵味，无不体现出中国特色，是一部优秀的爱国主义教育片。它以生动、丰富的形象不仅向人们展示美味可口的美食，还有美食背后相濡以沫的真情，通过电视的形式展现出来，更能打动人心，引起人们强烈的兴趣。

（三）情感陶冶与情感升华

视觉的这种主导地位和相对于其他感官自身所具有的优越性，必然使得人们的视觉经验成为最突出、最丰富的认知内容，从而促进情感上的升华。所谓“触景生情”，就是通过视觉获得情感，是人对客观现实的一种心理反映形式。美国纽约大学的心理教育学家詹里姆·布鲁诺通过研究发现，通过视觉和实践则可以获得60%的记忆，其他分别属于听觉和阅读。视觉文化强调通过受众探索视觉文化获得新的认知体验，通过有目的地选择和利用自然或创设的环境因素进行情感陶冶，使得受众主动参与、体验、探究视觉文化，在视觉文化的欣赏、创造活动中获得情感感悟、体验、陶冶和升华。

视觉文化包含着重要的思想内涵，然而视觉文化的思想意蕴和价值内涵是通过情感的方式作用于人，使得人从消极的情感转化为积极的情感，澄清见识、了解真谛，获得情感上的熏陶和升华。亚里士多德认为，悲剧、诗歌可以唤起人们的悲悯、恐惧的心情，并且使得这些情感得到净化，从而达到某种教育的目的。在亚里士多德生活的年代，作为重要文艺形式的悲剧承担着宣扬社会道德、净化社会风气的内容。而在当代，通过电影、戏剧、电视创设特定的富有典型意义的情景和氛围，作用于人们的视觉感官，引发人们观察、思维、想象等一系列的智力活动，置身于这种特定的情景之中，人们心理、思维往往能够获得潜移默化的发展，获得道德感化和情感净化、情感升华，不断提升自身的道德情感。

三 德智互补功能

视觉与思维之间有着紧密联系，视觉思维同样具有思维的一切特性，依赖于视觉思维的视觉文化有利于促进思维的发展和创新。阿恩海姆明确指出："视知觉具有思维的一切本领，语言只有同作为思维之主要工具的意象相互发生作用时，才不至于沦为思想，只有清晰的意象才能使思维更好地再现有关的物体及它们之间的关系。"① 视觉文化能够促进人的思维能力，尤其是形象思

① ［美］鲁道夫·阿恩海姆：《艺术与视知觉》，朱疆源译，中国社会科学出版社 1984 年版，第 115 页。

维能力的发展，实现形象思维和抽象思维的互补，促使人的思维能力得到锻炼和提升，从而提高和发展人的智力水平。而作为智力重要内容的思维能力的发展和提升则有利于促进人的道德认知水平的提升，这也是道德教育的重要目标。具体来说，视觉文化能够锻炼和提高人的思维能力和水平，发展人的形象思维，促进人的形象思维和抽象思维的互补，提高人的创新性思维，拓展人的思维空间，有效提高人们的道德认知能力，实现德与智的互补。

（一）发展形象思维

视觉文化在发展形象思维方面有着重要作用。巴甫洛夫提出的“两个信号理论”，为我们认识和理解视觉文化在发展形象思维方面的作用提供了重要的理论依据。巴甫洛夫认为，“第一个信号是现实的具体的刺激，如声、光、电、味等的刺激，是动物和人共有的；第二个信号是现实的抽象的刺激，是和人类的语言机能密切联系的神经活动，通过对现实概括形成自己的概念，并进行逻辑推理，从而更深刻地认识自然、了解世界，并掌握它们的规律”①。“两个信号理论”论证了客观刺激物作用于人的视觉感官，引起大脑皮层的活动，产生了思维活动，这种思维活动，主要是一种形象思维活动。

视觉文化通过人的感性来把握世界的本质，诉诸人的第一信号系统，人的形象思维；而语言文字则是通过逻辑的方式、概念等来把握世界的本质，诉诸人的第二信号系统，人的抽象思维。视觉文化通过现实的、具体的视觉感官刺激，产生形象思维，引

① ［苏］B. N. 马希尼科：《巴甫洛夫关于两种信号系统的学说》，佘增寿译，科学出版社 1956 年版，第 32 页。

起思想启迪。视觉图像是最直观描摹事物形态、结构、性质的视觉语言，能够直接促进读者的感性经验和视觉思维的形成。例如一棵树所直观反映的具体形象与借助这棵树所表达的概念或主题是吻合的，它们之间的密切联系就会更直接、更生动、更形象，而不是像语言符号那样所表达的一种抽象的、单一的、线性的结构关系。例如在“申奥片”中，通过镜头我们可以看到一个个朝气蓬勃、积极阳光地投入体育项目的男女老少，这不只是某一个具体的人，同时代表着“中国人”这个整体，看到“中国人”整体的素质和人文修养，体现的是我们中华民族的精神面貌。再比如长城形象，俗话说“不到长城非好汉”，一方面它是著名的建筑艺术景观，展示了它的绵延万里，展示了它的恢宏磅礴；另一方面也代表了“中华民族”的深刻内涵、悠久的中华民族历史及我们国人坚定不移的意志和信念。在这里，视觉图像传递的是一种抽象的概念，其具有普遍性、代表性的具体文化形态，不仅展现了生动、直观、形象的信息内容，也能隐藏着丰富的思想境界和艺术价值，有利于促进人们形象思维的发展。

（二）促进思维互补

视觉文化有利于人的形象思维与抽象思维的相互促进，实现形象思维与抽象思维的思维互补。长期以来，德育中往往重视概念的传递、逻辑的推演，而图像的、感性的方式却被边缘化，似乎图像的、感性的方式与思维是绝缘的。阿恩海姆的“视觉思维”打破了长久以来的对立，为我们重新审视视觉文化提供了全新的视角，为认识视觉文化在思维发展方面的作用提供了新的思路。视觉与思维之间有着紧密的联系，视觉思维在人类认识活动中是最有效的，是具备思维的理性活动。阿恩海姆的“视觉思维理论”强调了图像与思维的结合，有利于我们重新理解视觉活动与人的思维发展、潜能开发、智力开发的联系。视觉活动强调直觉、强调灵感，人的视觉活动在锻炼和提升人的形象思维的同时，也能够促进人的思维的有效互补。视觉文化有利于促进人的思维互补：一方面，视觉文化包含的形象的信息、细节、特征必然依靠人的形象思维来把握；另一方面，视觉文化又不单单是毫无意义的细节的简单堆积，而是以一定的思想观念为主导的，这种蕴藏于细节背后的深刻的思想内涵，必须依靠人的抽象思维能力才能得以理解和把握。事实上，人们很多发明创造都是从视觉图像开始，受到视觉图像的启发，把抽象思维与形象思维结合起来，从而产生创新性思维和想法的。年轻的牛顿坐在自己家的花园中，因为一个苹果落下来砸到他的头上，才使他发现了万有引力定律，正是从苹果落地这一视觉现象出发，由具体的现象通往抽象、深奥的科学理论，对视觉意象、现象中加以理性思考和创新分析，从而产生了创新性的思维。

（三）拓展思维空间

思维能力是智力的核心，是获取知识、提高创新能力、培养和谐共融的健全人格的关键。视觉文化运用各种各样的形象促进人们思维的发散，举一反三，丰富人们的思维方式，有利于挖掘人们的潜能，拓展人的思维空间，尤其是拓展人的视觉空间智能，提升对视觉表象的认知高度，促进人的思维创造性发展。

美国心理学家霍华德·加德纳提出了视觉空间智能理论，他将视觉空间智能定义为“能准确地感知视觉空间世界，并把所感知到的表现出来的能力”①。视觉空间智能主要包含两个方面：一

① ［美］鲁道夫·阿恩海姆：《视觉思维》，光明日报出版社 1987 年版，第 28 页。

方面是视觉能力，指在一定时间内一个人准确地把握和理解视觉对象的性质、特征、形态；另一方面是空间能力，是指个体可以对所感知的物体产生深刻印象并熟记在脑海中，通过心智能力在脑海中思考平面图像和立体形体的能力。视觉空间智能侧重强调以想象促行思考，从不同的角度和层面来感受视觉空间并重塑视觉空间。比如擅长阅读地图和航行图，则具有比较清晰的方位概念；从不同角度来想象各种事物，并且对几何图形比较感兴趣，则很容易解读图表，把握图片的本质。创设一个视觉化的教学环境则很好地体现了视觉——空间智能作用的发挥：师生全力协作地去设计、规划、制作屏幕画面，探索教学办公用品比如黑板设计、墙壁设计等在布局和颜色方面的组合，总之，尽可能地去丰富教学硬件设备以及学生学习资料的视觉性。通过教学环境的视觉化整合和设计来充分调动视觉、听觉等多重感官的互动和结合，尽可能最大限度地发挥视觉文化所具有的直观、形象的优势，促进思维空间的拓展。

四　以美引善功能

视觉文化寓一定的善的道德内容于美的形式之中，人们通过对美的事物和形象的感受体验，引发思想和情感的共鸣，在审美愉悦中潜移默化地实现对人的思想品质的提升。视觉文化有利于人们在美的事物的熏陶浸染下获得审美情操的陶冶，有利于促进人们审美素养的提升，实现心灵发展和人格完善，具有重要的以美引善功能。视觉文化育人，要注重以美的形象打动人心，使人们在美和丑的比较鉴别中，明确善恶，分清是非，认清黑白，在对美的追求中积极效法美的事物和形象，树立美的理想和善的人格，引人求美，积极向善。

陶冶审美情操。视觉文化的以美引善功能首先体现为它通过美的事物和形象打动人心，满足人的审美欲望和审美需求，陶冶人的审美情操，诱发人们对蕴藏于美的事物之中的善的尊崇和认可。优秀的视觉文化往往具有一种感染力和震撼力，能够产生放松身心、抚慰情绪、慰藉人心、沟通心灵的作用，给人带来精神上的满足和舒适感。同时，受众在欣赏、感受、体味视觉文化时，从视觉文化作品中获得和谐感、美感、崇高感等高级审美情感，获得一种精神愉悦感，从而自觉认同视觉文化作品中的人物或形象所展现的精神风貌和道德内涵。

好的视觉文化作品有利于促进心灵之间的对话，陶冶审美情操，提高欣赏品位，培养审美能力，使人们深刻理解和认识善与恶等道德观念。柏拉图从美与善合一的角度去强调文艺创作应该坚持伦理道德维度和审美维度的统一。例如，在谈论诗乐的曲调与乐器的取舍时，他指出："我们不应该追求复杂的节奏，应当考虑有秩序的和勇敢的生活节奏，进而使音乐和曲调适合这种生活节奏。好文词、好音调、好风格与好节奏，近似于好的精神状态，我们借此委婉地使诗乐的风格适合于真正善的内心，好的品格与美的智力；反之，则近似于坏的精神状态。"[①] 柏拉图的"净化说"反映了针对诗乐教育材料的选择原则是以有益于心灵与精神健康的道德化教育为基准的。不同的诗乐曲调可以促进形成不同的审美感受和道德品质：比如柏拉图保留多利亚调，认为其可以表现为沉着冷静、勇往直前、栉风沐雨、视死如归的英雄精神；而删除吕底亚调，认为其是靡靡之音，表现为萎靡懒惰。

提升审美素养。优秀的视觉文化作品往往集教育、娱乐为一

① ［古希腊］柏拉图：《理想国》，郭斌和译，商务印书馆 1995 年版，第 108 页。

体，以丰富的感情感染人们的内心，依靠具体、直观的形象向人们展示真善美，假丑恶。视觉文化是美的艺术形式和伦理道德内容的内在统一，视觉文化的伦理道德内容隐藏于视觉文化的美的艺术形式之中，视觉文化的美的艺术形式展现和表现一定深刻的思想内容。视觉文化有利于提升审美素养，人们在视觉文化长期的耳濡目染、感染熏陶下，提高审美感知、想象、鉴赏、理解、创造、表现能力，能够对美的事物产生强烈的兴趣，对丑陋的事物产生排斥，能够分辨美丑、区分雅俗、明辨善与恶，能够分析和把握视觉文化外在形式所蕴藏的伦理道德内容，按照一定社会所需要的和推崇的美德去规范和提升自己，更为自由、自觉地把握世界。

视觉文化对人的审美素养的提升表现在，人们一方面享受视觉文化的丰富成果以及由此带来的审美愉悦，通过享受、消费视觉文化提升审美素养，学会以美的尺度、标准去衡量、鉴别、欣赏视觉文化，从中获得审美满足，建构人们的审美空间，提高感知、想象、鉴赏、理解等审美素养，提高对于视觉文化的敏感度和敏锐性，学会鉴别、自觉批判和分析批判低劣、粗俗、媚俗的视觉文化成果，发展丰富的视觉联想、想象能力；另一方面在欣赏、比较、鉴别视觉文化的基础上，不断激发视觉文化的创造能力，为运用视觉技术手段创造表现新的视觉文化增添动力，不断创造出优秀、经典、先进的视觉文化成果。

促进人格完善。人格完善是指以健全的心理人格为基础，以完美的道德人格为核心，促进人全面而自由地发展。审美素质是个体人格完善的重要方面，是人全面发展的重要指标，视觉文化的以美引善，重要目标就在于促进人的人格完善。

不同于语言文化的说教和训诫，视觉文化是以生动而形象的内容与形式展现一定的思想内涵和价值，通过作用于人的视听感官，使人们在熏陶感染中树立起正确的人生观、世界观和价值观。视觉文化在给人提供无比愉悦的精神享受和视觉体验的同时，也培养和促进了人的创造能力的发展。视觉文化所涉及的范畴非常广泛，内容也非常丰富，通过视觉文化艺术鉴赏活动，人们可以了解和认识不同的社会时期国家和人民的生活面貌、性格特征、社会关系等，从而加深对自然、社会、历史及未来人生的认识。视觉文化对于提高大学生感知能力，发展创造能力、创新能力，激发想象力和创造精神，同样有着明显的效果。视觉文化有助于受众心理素质的提高。视觉文化通过给大众以丰富的视觉享受，使人不仅能获得生理上的满足感，更能获得心理上的充实感。成长中的学生来自家庭、社会、学校的压力相当大，需要宣泄，以求心理、生理功能的和谐发展。视觉文化中的动画片、喜剧片等多以幽默风趣、轻松愉快的形式深受人们的欢迎和喜爱，很明显地能够起到这种宣泄情感、排解压力的作用。视觉文化能够触及学生感性的、情感的层面，引起情感共鸣，优秀的视觉文化能够影响人的气质、性格、胸襟、见识等，从而起到激励、净化、升华的积极作用，满足人们的审美需要，使人们感受到一种审美的愉悦，身心也能得到放松，促进人格的完善。

第三节　有效推进视觉文化“化人”

习近平总书记在中国文联十大、中国作协九大会议上指出：“那些叫得响、传得开、留得住的文艺精品，都是远离浮躁，不求功利得来的，都是呕心沥血铸就的。”① 视觉文化德育功能的实现，需要视觉文化创作主体提高道德素质和社会责任感，真正创作一批老百姓喜闻乐见的、体现核心价值观内涵的精品、优品、上品视觉文化，打造视觉文化的品牌、名牌，使优秀视觉文化成为承载民族记忆、体现核心价值观、彰显道德风尚、推动道德发展的重要载体。需要社会文化监管部门通过一定的社会机制和措施鼓励、保障优秀视觉文化的创造，通过各种渠道和方式加强视觉文化的输出和传播，提高我国视觉文化的传播力和影响力，加强对视觉文化的监管，抵制恶俗、媚俗、庸俗的视觉文化。就个人而言，我们生活在视觉文化的时代，就必须适应时代对个体提出的视觉文化素养的要求，更新知识结构，去主动接触、吸收和提高视觉文化素养，加强对视觉文化的分析、鉴别和创造能力。就德育主体来说，作为社会成员，应该努力提高视觉文化素养，去建立视觉文化与道德理论、原则、方法之间的联系，选择和利用优秀的、经典的、能够体现核心价值观的视觉文化，加强对不同视觉文化的整合、综合利用，不断提高视觉文化德育的实效性。

一　营造良好的视觉文化育人环境

营造良好的视觉文化育人环境，需要学校、家庭、社会三位一体、齐抓共管、通力协作，实现资源的共享，发挥视觉文化育人的合力，提高视觉文化育人的整体效应和实际效果。

营造良好的视觉文化育人环境，学校是核心。学校是对青少

① 习近平：《努力筑就中华民族伟大复兴时代的文艺高峰》，http：//news. xinhuanet. com/2016 - 12/01/c_129385349. htm。

年进行德育的重要场所，包括学校文化底蕴、学术氛围、师资力量等。好的育人环境是学校建设的重点，学校环境不仅包括办学指标、硬件教学设施设备等，还包括学校的教学理念、办学宗旨等。学校各教育部门应该积极行动起来，建设具有思想教育性、陶冶情操性、启迪智慧性、提高素质性、寓教于乐的视觉文化，重视视觉文化的开发研究和设置安排，将视觉文化的建设融教育性、科学性、知识性和艺术性于一体，大力建构形象的视觉作品或者优先运用视觉技术，刺激学生的视觉体验和视觉感受，营造良好的视觉文化育人环境。

学校景观设计和建筑风格除了符合工具化的要求外，还应努力将学校的教育理念、办学宗旨融入、渗透到校园的布局和设计之中，还要符合审美要求，使人产生赏心悦目的感受，让学生通过学校的设计感受到艺术的熏陶，得到美的享受。学校不仅在课程设置上要注重培养人文素养，在校园文化中还要凸显视觉文化的重要性，可以引导学生通过参加有关视觉文化的大赛，选出比较优秀的视觉文化作品，实现视觉文化育人，比如有的学校校园开展的“随手拍”活动，用自己的手机拍出最美的、最有道德风尚的人或场景，一方面调动了大学生的积极性，另一方面也符合他们的表现欲望、个性化特点以及强烈的自我意识，同时让学生在自己的行动中去深刻地理解什么是道德以及社会主义道德的具体表现；比如学校建立个性化的公众号，在学校公众号上以生动、形象的地图展示学校的人文风貌，吸引学生关注和了解学校的办学宗旨和建校理念等，这些就起到了很好的育人作用。

营造良好的视觉文化育人环境，家庭是基础。家长的言行举止以及思维习惯会直接影响到孩子的行为方式以及世界观、人生观、价值观的形成和发展，对他们以后的心理成长和人生规划产生深远的影响。相比学校环境而言，家庭环境对于人格的培养和思维的影响是更早、更深刻的。

随着视觉文化在当今现代生活中的普及和快速发展，家长可以充分利用丰富的视觉文化资源以及多媒体、视频等视觉文化载体，来促进孩子形成正确的思维方式和正确的道德观念，比如当孩子的某些行为偏离道德时，代替说理教育，可以选择无意识地陪同孩子观看一些他们喜欢的却具有正面的、积极的教育价值的动画片或者影视片等，通过丰富、生动的视觉内容来吸引孩子的兴趣，使孩子自我意识到自己的错误行为，并反思自己的错误，从而使其理解父母的良苦用心，加深父母与孩子之间的沟通、理解和互相关心。在孩子青春期时，孩子大部分表现为叛逆、自我意识特别强的性格，对视觉文化内容或者视觉文化作品无法进行正确的价值选择和价值判断，这需要充分发挥家庭的基础作用，家长帮助孩子对视觉文化作品进行筛选、过滤，避免不良的视觉文化作品影响到孩子的成长。随着视觉技术和互联网的不断发展，形式多样的视觉文化也让人们的眼球应接不暇，视觉文化带给人们尤其是青少年视觉感官上的非凡体验和心理上的无比刺激感，这就促使青少年可能会出现过分沉迷于虚拟世界，脱离现实的现象，家长应该引导青少年正确分清虚拟与现实，正确认识和理解视觉文化现象。

营造良好的视觉文化育人环境，社会是关键。视觉文化是社会政治、经济快速发展的产物，社会环境为视觉文化的兴起和发展创造了一个很好的平台。视觉文化在我们生存和生活的社会环境中是随处可见的：公交车车体广告、路边广告牌、大型超市的橱窗设计和柜台展板、艺术鲜明的楼群或公园等，我们的生活无时无刻、无处不体现着丰富的视觉文化资源。

在复杂多变的社会环境中，实现视觉文化的德育功能，需要发挥视觉文化监管部门的重要作用。视觉文化监管部门需要进行严格把关，坚决抵制庸俗、恶俗、媚俗的视觉文化，加强对优秀视觉文化的输入与传播，可以采取政策扶持和奖励措施鼓励发展先进的、符合主流价值的视觉文化，促使优秀的视觉文化作品不断地涌现。在西方经济占优势的背景下，视觉文化监管部门还应该加强对我国优秀传统民族文化的大力宣传，响应“走出去”的政策号召，把中国符号的价值观念传播更远，打造中国视觉文化品牌。比如社区可以开展以“笑得最美的人”为主题的摄影大赛；比如有关社会主义核心价值观的漫画式的宣传壁画；比如创设《舌尖上的中国》的电视节目，融美食与中国特色文化于一体，为人们呈现一场视觉盛宴的同时也使人们感受到了中国文化的博大精深。

二 培养提升个体的视觉文化素养

视觉文化素养是指人类基于观看、并整合其他的感觉经验，发展出一组视觉能力的素质，这种素养即视觉感受能力、视觉审美能力、视觉解读能力和视觉表达能力。视觉素养能力的高低影响着人们的生活情趣与生活质量，只有经过长期的培养训练和文化熏陶才能提高人们对视觉信息的“读、解、用”的能力，提高视觉文化创作或应用相关的视觉素养能力，这也对发挥视觉文化的德育功能，尤为关键。

要培养个体对视觉文化的理解能力。所谓的视觉文化理解能力是指视觉文化敏锐的感受力，能快速地对视觉文化信息、细节进行把握，也就是一种对视觉文化内在价值的理解力。以往的视觉文化素养教育，教给大众的大多是对视觉作品表面形式的分析和认识，并不能解释隐藏在表层之后的深刻内涵，无法做出正确的理解。培养对视觉文化的理解能力即培养一种视觉思维能力，对文化形式的敏感性。通过色彩、形状、结构所表现的内容不仅仅只是意义的载体，价值的涵盖，也可能是对某一特定历史和社会情况的反映，只有培养对视觉文化敏锐的感受力，才能提高深层次的认知，开阔视野，透过视觉文化形态把握其背后的社会关联，探讨隐藏在其背后的社会政治、经济、文化因素。所谓“一千个读者就有一千个哈姆雷特，一千个观众就有一千个蒙娜丽莎”。我们需要引导学生在不同的视觉文化情境下去了解和认识视觉文化艺术。

由于个人自身的文化修养、知识结构、社会经验以及思想水平上的差异，对同一种视觉文化形态的理解所达到的层次也是有差别的，从而视觉素养能力也是有层次的。比如一幅美丽的山水油画除了可以很好地展现风景的秀丽之外，人们也可以直观地通过眼睛获得同样的感受，感叹美丽的风景，但是如果是解读一张X光片并从中发现病因、找出问题，则需要专业的技能和培训。在当前纷繁复杂的社会环境中，各种拙劣的视觉文化形态也是星罗棋布，比如网络暴力视频、低俗网站等，只有培养对视觉文化正确的理解力，才能有效抵制不良的视觉文化，提升自身的视觉素养和审美品位，为创造美好的视觉文化环境奠定基础。

要培养个体的视觉文化鉴赏力。视觉文化鉴赏力就是指分析、领悟、判断的能力，一方面它是一种直观识别视觉图像的能力，另一方面是可以通过内心的领悟了解视觉图像的意义和价值，并将这些内涵、意义和价值内化为自己的视觉经验。学会识别、判断、排列和组合具体的视觉文化要素，并了解各种各样的视觉文化要素之间的联系，以及它们的性质、结构、属性等，了解这些丰富、形象的视觉文化要素表达视觉观念的过程，只有具备这些细腻的、生动的、具体的视觉经验，才能真正感受到其中的视觉情感并促进情感共鸣和情感升华，提高视觉文化鉴赏力，达到对视觉文化的高度敏感性。学生在绘画、进行视觉文化作品制作的过程中实质上是在反映个人的生活阅历和内心情感的同时表达他们自己视觉文化作品中所隐藏的各种观念和价值。例如在课堂上，进行以“每个人都需要关怀”为主题的视觉艺术创作，首先让学生把自己最喜爱的物品比如画作、动漫等呈现出来，同大家分享自己的心得，然后老师也可以组织一些大师级的艺术作品展览，给学生发挥主观能动性的机会，通过细致入微的观察和研究选择能表达不同情感的视觉图像，从而使学生获得对该视觉图像的欣赏和鉴别，进行从具体思维到抽象思维的转变。这个课程的目的在于促进学生掌握基本的视觉文化知识，并尝试接触一些人际关系，探索人文意义。这样的学习和创作过程中，学生不是漫无目的地去观看和欣赏，而是在观看的过程中加以思考，通过不断的内化作用，整合个人的视觉经验，尝试着去了解作品背后所要传达的意图和目的。在视觉文化领域创新性观念的升华能使个体自主地、深层地加以欣赏和思考。通过视觉文化的渲染以及情感上的共鸣，可以清晰地分析出视觉文化作品如何利用视觉信息技术、视觉艺术语言传递作者的意图，表达个人的情感。而这不仅仅是单一地展现视觉观念，而是通过鉴赏、评析去粗取精，取长补短。培养个体的视觉文化鉴赏力有利于提高审美品位和欣赏层次，每个人的心里都有着不一样的评判和鉴赏尺度，适者生存，这样的社会大环境不会单独为某个人存在或者改变，而是各取所需，这种视觉文化鉴赏力的成熟和不断提升更是视觉文化发展成熟源源不竭的动力。

要注重提高个体的视觉文化创造力。提高个体的视觉文化创造力，首先要营造一种尊重原创、鼓励创新视觉文化的优良环境，其次是要加强对优秀视觉文化作品的遴选和选择。视觉文化创造的过程是一个不断推陈出新的过程，创新是生命之所在。尊重原创是指全面的、全方位的创新，不仅仅只是视觉文化形态上的创新，或者视觉文化内容上的创新，或者视觉文化传播媒介、载体上的创新，更多的是指视觉观念和视觉内涵的超越，包括超越前人、超越他人，包括不断的自我否定，不断的自我超越。新的时代背景下，提高视觉文化创造力，要从创造理念、视觉艺术语言等着手，充分把握时代特征、人文意义、民族情感等，创造出人性化、特色化、本土化的新型视觉文化。积极“走出去”和“引进来”，大胆借鉴和吸收国外视觉文化的创造经验，创新视觉文化的优良环境，营造和谐、阳光的视觉文化氛围。

文化监管部门需要加强严格把关，营造良好的文化氛围，运用法律手段和政府政策、措施规范，促进视觉文化的普及宣传和奖励工作等，在日常生活中，建立从学校、社区、家庭、乡村、城市全方位的优秀视觉文化宣传普及工作，使视觉文化为更多人所了解，使人们在认识优秀视觉文化的同时激发人们的视觉创造力，发挥视觉文化的积极影响。努力构建有利于开发人们视觉文化创造力的孵化机构，开展对不同视觉文化的一种比较、欣赏，并在此基础上，尤其是加强对优秀视觉文化的弘扬。在不同视觉文化比较中促进人们的思考，建立有关视觉文化的优质团队，加强不同团队之间的交流、切磋以及促进同一团队成员的思想交流、碰撞，创设一个民主、平等交流的平台。

三 积极运用网络媒体传播视觉文化

所谓的网络媒体实际上就是指的互联网，运用网络媒体传播视觉文化即是以电脑、电视或者移动可视电话等为终端，以图像、影像的形式传播文化信息、表达思想观念、传递情感意图。互联网是一种数字化、多媒体的传播媒介，相较于传统媒体，互联网的传播与更新速度更快，信息量大且内容丰富，容易检索、复制和拷贝，最重要的是互联网促使传播者和受众之间形成一种交互性的关系，不仅有信息传播和信息接收，还有信息交流和信息反馈。互联网的传播优势更加促进视觉文化的传播，更加有利于我们跟上时代的步伐、社会发展的潮流去发挥视觉文化的德育功能，德育的效果更加显著和有效。

2017 年 1 月 3 日全国宣传部长会议新精神指出："加强国际传播能力建设，推动传统媒体与新兴媒体的融合发展，向世界讲好中国故事，传播中国声音。"[①] 视觉文化的传播也需要积极运用网络新媒体加强面向国际、面向世界的传播，促进更加丰富的视觉资源的融合，打开国内、国际交流的平台，互相取长补短，同时也为更好地运用视觉文化开展思想政治教育提供了空前契机。

要运用互联网开展视觉文化的微传播。运用互联网开展视觉文化的微传播即指通过微信、微博、微电影等传播视觉文化。比如微信朋友圈里面的炫富、拜金的图片；比如各种色情网站的传播；比如以娱乐之名充斥着视觉暴力、血腥画面的微电影等。以微电影为例，微电影是近几年以来迅猛发展的新型视觉文化形

① 刘云山：《全国宣传部长会议精神》，http://news.xinhuanet.com/politics/2016-01/05/c_1117678187.htm。

态，拥有大量的收视群体，与传统的视觉文化形态相比，衍生了更加符合当代碎片化社会一种收看行为的特征，具有广泛参与的视觉创造性。微电影是当前网络媒体与视觉文化有效结合的重要体现，微电影的产生与流行离不开视觉技术的蓬勃发展，视觉技术的发展更加生动、具体、形象地展示视觉文化的概念和意义，同时也对人们的生活方式和交流方式产生了深远的影响。以微电影为载体，能展现生动、丰富的人物、事物、场景，通过动态、数字化的呈现形式表达故事背后的人文价值或者创作者内心的真挚情感。

互联网的开放性和自由性促进了微电影的兴起和迅猛发展。开放、自由的互联网为自制视频、剪辑电影提供了一个便利的网络平台，很多网友便成了创作的主力，他们在视觉文化作品中可以轻松自由地、无拘束地表达个人观点和意见，抒发和发泄个人感情，传播各种各样的思想观念，满足了人们视觉多元化的需求，人们的志向表达、情感宣泄在很短的时间内可以得到满足。当前，网络媒体的形式多种多样，随着高新技术的不断发展，视觉技术的不断更新和进步，网络媒体传播视觉文化的空间将会越来越广，我们需要弘扬社会的正能量，通过微信公众号、门户网站、微博，强调公众人物、网络大 V 的社会责任，积极运用网络媒体传播符合主流价值的视觉文化。

要加强对网络媒体的管理和规范。网络媒体的多元化、自由性的特点必然也带来各种类型的视觉文化，其中包含不利于社会主义精神文明建设的负面视觉文化作品，恶俗、媚俗、低俗的视觉文化不仅不利于社会的健康发展，同时对人们的身心健康和道德修养都会造成严重的伤害。因此必须坚持以正确的舆论导向为前提，坚持正确的文化前进方向，坚决制约并遏制不良的视觉文化现象，构建网络媒体健康发展的生态环境，打造视觉文化传播的阳光平台。

加强对网络媒体的管理和规范，首先，强化网络媒体行业的自律意识，遵守职业道德，成为网站门户的严格“把关人”，利用信息质量监管手段和信息过滤手段来加强对各种各样的视觉文化的筛选，为优秀视觉文化的传播奠定良好平台。其次，通过视觉文化监管部门对视觉文化传播活动进行科学的规范和管理，利用行政手段的权威性、强制性和直接性杜绝垃圾的、低俗的视觉文化的传播，充分发挥网警的监管作用，规范网络运营商的行为，建立多种反馈信息的渠道，做到“人人有责，人人护航”。此外，坚持以法律手段作为控制手段，来加强对网络媒体的限制和约束，建立网络媒体法律法规的独立体系，严控视觉文化传播中的负面影响，比如电视暴力、色情视频或者网站，危害祖国和人民安全的视频或者宣传片等，迅速填补网络媒体法律法规的空白和漏洞，保证网络媒体依法传播优秀的、健康的视觉文化。网络媒体是一个开放、自由的平台，视觉文化的内容也是丰富多彩的，必须营造视觉文化传播的健康氛围，才有利于促进视觉文化的德育功能的挖掘和发挥。

四　促进视觉文化和德育工作的有机结合

视觉文化本身就包含一定的文化内容，是促进文化交流和沟通的工具和手段，在传播优秀视觉文化过程中其实质上是展现德育价值、创造德育价值、发挥德育价值的过程。传播优秀视觉文化，并将其与德育工作相结合，有利于受教育者在视觉欣赏活动中建立正确的价值观，提高思想道德素质和人文修养。视觉文化时代，学校和教师将优秀视觉文化，尤其是体现中国民族特性和时代精神的视觉文化作品和形象融入到德育工作中，提升德育工作的实际效果。

要有针对性地推进视觉文化教育。开展视觉文化教育一定要加强针对性，不同的受众或群体由于年龄特征、思维特点、行为方式的不同，在对视觉文化理解和接受、创造能力方面体现出一定的差异性和层次性，因此，在开展视觉文化教育时，应当结合受教育者的年龄特征、思维特点、行为方式，分层次、分阶段，有计划、有目的、有步骤地开展视觉文化教育。比如低年级的学生由于其心智尚未成熟，逻辑思维能力较差，往往会对颜色明亮、丰富的视觉文化感兴趣，他们很少能够体会到视觉文化背后蕴藏的深刻内涵，因此，在对他们进行视觉文化教育时，主要是进行视觉文化启蒙教育，培养他们对于视觉文化的敏锐度和感知力，重在激发他们对视觉文化所表现主题和内容的丰富情感；而对于高年级的学生，他们的心智发展成熟后，就可以通过多种形式来加深对视觉文化背景知识、历史人文、深层内涵的理解，使他们运用自己的价值判断去衡量视觉文化所表现的思想内容，并且借由对视觉文化的赏析活动提高他们对视觉文化的一种判断力，分清真、善、美与假、恶、丑。比如针对低年级的学生，可以进行视觉注意力的训练，采用漫画式图片、卡通人物形象的插画、动漫影片吸引他们的兴趣，引导他们基本的道德认知和规范道德行为，耳濡目染地进行视觉文化教育。针对高年级的学生，可以通过组织有教育价值的观影活动，比如《春节联欢晚会》或者《感动中国》等，也可以鼓励学生自主创作视觉文化作品，比如拍摄“给妈妈洗脚”的温馨照片等，激发学生的视觉思维，有效地推进视觉文化教育，促进学生道德素质的提升。

要将优秀视觉文化融入德育教学。促进视觉文化和德育工作的有机结合，其中一个重要方面就是要把优秀视觉文化融入到德育教学活动当中，挖掘和发挥视觉文化的德育价值，凸显德育教学的感性化、视觉化、形象化特征，真正实现以视觉文化化人、以视觉文化育德。

课堂教学是视觉文化与德育工作结合的有效途径，要充分发挥德育课堂的重要作用，丰富德育课程内容，运用视觉文化的内容充实和丰富德育课程教学，不断创新德育方法及手段，运用视觉文化的技术和方式来呈现和体现德育内容。在课堂教学当中，根据受众的思想文化特征，合理地选择和运用丰富多彩的视觉文化，发挥德育课堂的主渠道作用，激发德育主体的兴趣，促进德育主体之间的互动。德育课堂教学不再是静态的、单一的、灌输式的，比如过去是黑板教学或口述教学，而现在是影音教学、视频教学；德育课堂也不只是局限于教室，还需注重课外的延伸，比如学校的学者雕塑或者人文景观建筑营造出的学术氛围也能激发学生的爱校之情、尊师之义，这无疑也是潜移默化的“德育”，而且更能展现出视觉文化与德育的有机融合。比如在进行爱国主义教育时，可以选用代表我国社会的优秀视觉文化符号，尤其是反映社会主义建设的伟大成就的视觉文化信息，运用互联网等技术生动再现我国社会的风土人情、当代风貌等，以激发人们对于祖国的情感和投身社会建设的动力。

要促进视觉文化教育的多元融合。促进视觉文化和德育工作的有机结合，需要做好创新融合，将视觉文化知识传授与人文素质教育相融合，优秀视觉文化与外来视觉文化相融合，实现有选择的继承与有融合的创新。

促进视觉文化教育的多元融合，首先注重视觉文化知识传授的同时，也要注重素养的提升。人文素养的提升是视觉文化教育不可忽视的一个重要内容，视觉文化能力本身就依托大量丰富的人文知识，以便于人们了解视觉文化的背景知识、历史流派、当代发展，这就需要在培养视觉文化能力的同时，还需开展人文科学知识的普及和教育，促使人们较为科学、成熟或独立地运用图像结构和自身的知识去有效整合和捕捉视觉图像所涵盖的信息。随着多媒体进入到人们的生活，网络进入到校园，人们需要对各种视觉信息进行判断和处理，普及人文科学知识教育有利于实现正面的德育价值，选择优秀的视觉文化，提升人文精神，避免视觉素养的偏废。促进视觉文化教育的多元融合，同时还要注重优秀视觉文化与外来视觉文化的融合，实现有选择的继承与有融合的创新。我国传统文化当中蕴藏着大量的优秀视觉文化，我们要善于挖掘、开发和利用传统社会当中的视觉文化成果，比如红色博物馆、烈士陵园或者革命纪念地，运用当代视觉信息技术生动再现革命岁月和英勇事迹，安排有关革命历史的影视或者歌舞专场，还原当代革命工作者工作、战斗、劳动、生活的情景，丰富红色文化的德育内涵，提升德育价值。同时，我们也要批判地借鉴其他国家的优秀视觉文化成果，并且在不同文化、不同价值比较当中不断融合、创新我国当前的视觉文化，努力打造一批高水平、高质量、叫得响、传得开的视觉文化品牌。

第六章

形象德育：一种新的德育形态

形象是人们可以直接感知的生动具体的对象。形象德育是思想政治教育研究的新领域、新课题。随着图像时代的到来，运用生动、丰富、具体的形象开展德育活动，已成为思想政治教育的当务之急。推进形象德育，挖掘形象的德育功能，运用形象育德，在当今社会具有重要的现实意义和时代价值。实施形象德育具有重要的意义，有其内在的根本依据，有其运行和发展的基本规律。

第一节　形象德育研究的重要意义

形象德育寓德育于形象之中，是运用生动具体的形象开展思想道德教育的活动。形象德育是思想政治教育研究的新领域、新课题。过去，人们对形象德育关注很少，甚至尚未提出和形成形象德育的概念。实际上，形象德育广泛而客观地存在于社会生活之中，特别是随着图像时代的到来，运用生动、丰富、具体的形象开展德育活动，已成为思想政治教育的当务之急。当前，探索形象德育，无论对于思想政治教育的理论创新、思想政治教育实效的提升还是促进人的全面发展，都具有重要的现实意义。

一　有利于创新思想政治教育理论

研究形象德育，把形象德育纳入思想政治教育的研究视野，有利于拓展思想政治教育的研究领域，实现思想政治教育理论的创新。

首先，有利于拓展思想政治教育研究的视野。德育是思想政治教育的重要组成部分，德育实践是思想政治教育研究的重要领域。德育研究总是要研究德育主体的思维方式及其影响和主导的德育实践。德育中的思维，包括抽象思维和形象思维。长期的传统德育实践中，我们往往倚重单一的抽象思维方法，忽视发挥形象思维、形象启迪在德育中的积极作用，忽视形象德育的探索与创新，对形象德育在认识上尚有偏差，运用上不够自觉，存在重理论性轻形象性、重思想性轻艺术性、重逻辑性轻生动性的表征。即使看到了形象思维的重要作用，也往往是把形象思维局限在智育的范畴中，而忽略了其在育德和情商开发中的作用。或者只是从形象德育的一个侧面，如运用典型人物示范作用、直观教学手段和情境育德、活动育德的方法等提升人的道德水平等方面，进行了初步的有所侧重的探索，取得了一定的成果，但却从未全面、深入地研究形象德育问题，提出形象德育的概念，形成形象德育的理念，探索形象德育的特点和规律，创新形象德育的理论与方法。与此相应，德育研究存在重理论教育、轻形象德育的现象，也就不足为怪了。然而，这一种偏向，不仅影响了德育研究的视域，也影响了德育研究的深度。现在，把形象德育纳入德育研究的视野，势必会涉及形象德育与形象智育、形象德育与理论德育的比较研究，涉及马克思主义以及中西方关于形象德育的有关理论与方法的研究，涉及中外德育理论和方法的比较研究，尤其是形象德育和思想政治教育的相互关系的研究，有助于扩大德育乃至思想政治教育的研究范围，开辟思想政治教育新的研究领域。

形象德育研究，是一个多学科、跨学科的思想政治教育研究的重大课题，涉及教育学、心理学、伦理学、社会学、文学、美学、艺术以及现代传播学等相关学科。国内外利用跨学科的研究成果，推进运用形象的内容和方法育德的形象德育研究，已经做了一些有益的探索，取得了一些积极成效，为我们吸收和借鉴这些成果，促进形象德育研究的跨学科的理论探讨和多学科的交叉融合，提供了可资借鉴的“他山之石”。我们要站在跨学科、多学科研究的理论高度，开展形象德育的开放性、多维度的比较研究，不断拓展思想政治教育研究的广度、深度。

其次，有利于深化思想政治教育的基础理论研究。德育的基础理论创新直接影响和推动着思想政治教育的基础理论创新。德育是一门研究学生的思想道德教育规律的科学，德育对象不是别的，是活生生的人，是生活在现实社会关系并处于成长过程中的有血有肉有情感的人。从现实社会关系中活生生的人出发，立足丰富多彩的生活实践，诉诸生动的形象、深刻的思想和丰富的情感，把青少年培养成一定社会所需要的思想道德素质和综合素质的人，是德育的根本任务。德育只有寓于形象之中，才能深入浅出，生动感人，达到育人的目的。

形象德育，主张运用形象化的内容和方法进行德育，既需要教育者仔细观察、比较、遴选形象，又需要引导学生思考形象背后的思想意蕴。形象德育倡导生动的感知、激情的参与，用心的品味、内在的体认，比起平铺直叙的理论表达，多了一些自由想象的空间，添了一份生动鲜活的情趣。可见，形象德育具有自身的思想内涵与作用机理。

形象思维既然能够强烈地影响人的思想行为，因此，就需要深入探索形象思维影响和作用人的心理、意识和行为的内在机理，揭示形象德育的特点和规律，从而加深人们对形象德育的理论研究，促进德育乃至思想政治教育的基础理论创新。

最后，有利于促进思想政治教育理论的融合创新。在思想政治教育实践中，德育要注重用科学的理论教育武装学生，把理论讲透彻，说明白，然若只是平白端出抽象的理论、知识、概念给学生，而缺乏形象的启迪、人格的感染、情感的熏陶、环境的浸润，引起受众心灵的激荡，这样的德育往往难以达到育人的目的，甚至遭受挫折和失败。

德育固然离不开理论的灌输，但也十分需要注意形象的启迪。形象思维在德育中大有可为。形象德育活动总是伴随着生动的形象、丰富的想象、深刻的思想和强烈的情感。把真理性的抽象理论转化为形象化的生动、具体的案例、事实、故事等，适当而巧妙地利用形象思维的方法，如修辞中的排比、语言中的幽默、文学中栩栩如生的艺术形象、现实中正反两方面的典型人物、生活中富含思想与情趣的事例，等等，从而使抽象的说理变得更加生动活泼、富有说服力和感染力。

德育唯有把形象与思想结合起来，把理论育德和形象育德有机结合起来，相辅相成，相得益彰，以理论说服人，以典型感召人，以形象启迪人，以情绪感染人，才能使德育既深刻，又生动，有效实现具体感知和抽象思维的统一，生动形象和深奥理论的统一。总结形象德育实践的鲜活经验，概括形象德育研究的最新成果，建构生动性、体验性、感染性的德育，使德育贴近生活，贴近实际，贴近学生，使得学生的感官得以感受，情绪得以体验，情感得以共鸣，心灵得以洗礼，思想得以启迪，境界得以提升，从而实现德育实践经验的理论升华，促进理论育德与形象育德的思想政治教育理论的融合与创新。

二 有利于提高思想政治教育实效

提高思想政治教育实效，不仅要重视抽象的理论教育，更要重视生动的形象教育，运用形象育德。如果只是用抽象的理论向青少年灌输某种思想观念，往往会产生枯燥乏味引起的疲乏、厌烦、压抑甚至逆反心理，严重影响德育的实效。形象德育，比起理论育德，生动性更鲜明，渗透性更强烈，作用力更持久，要提升思想政治教育实效，就必须广泛深入地开展形象德育研究，推动形象德育实践。

开展形象德育，是遵循人的认识规律的需要。马克思主义认识论认为，人的认识总是遵循从感性到理性、从形象到抽象、从现象到本质、从简单到复杂的认识规律，德育工作要取得实效，必须要遵循人的认识基本规律，由表及里，由形而意，由浅入深。

列宁指出："从生动的直观到抽象的思维，并从抽象的思维到实践，这就是认识真理、认识客观实在的辩证途径。"① 这就是说，人们认识事物，总是在感性认识的基础上，由生动的直观上升到抽象的思维，经过抽象思维，运用概念、判断和推理，进而发现和认识事物的本质，这是人的认识的基本规律。钱学森是国

① 《列宁全集》第 55 卷，人民出版社 1990 年版，第 142 页。

内最早提出形象思维重要性的著名学者之一，他指出："人认识客观世界首先用形象思维而不是抽象思维。就是说，人类思维的发展是从具体到抽象。比如，小孩子的思维也是从形象思维开始，然后到抽象的。"① 个体的社会化过程，是不断了解、习得、践行社会规范的过程，要不断积累、丰富、发展周围对事物和生存世界的表象，发展形象思维，进而提高自身、抽象思维能力。纽约大学的心理教育学家詹里姆·布鲁诺通过研究发现，人类的记忆 10% 来自于听觉，30% 来自于阅读，60% 则是通过视觉和实践获得。形象德育恰好符合人的从感性到理性、从具体到抽象的认识发展规律。

我国以往的德育，遵循和体现人的认识规律不够。一方面，在理论教育中，特别注重抽象的概念、原理、结论教育，而忽略了概念、原理、结论产生的事实依据和大量直观材料，不善于从直观的现象、事实、材料中循序渐进、由浅入深地引导人们得出结论，忽视了理论教育过程中的生动性、直观性。另一方面，在理论教育和形象德育的选择上，更注重理论教育而忽视了形象德育。抽象的理论分析的多，生动直观的材料提供的少，就剩下几条干巴巴的原则和结论。结果就是教师讲得费力，学生听得费劲，难以产生共鸣。因此，要提高思想政治教育的实效，就要从加强形象德育入手，寓思想于形象之中，寓理性于感性之中，寓深刻于生动之中，运用大量生动直观的形象、事实、材料、案例对学生进行教育，不断增强德育的生动性、渗透性、有效性，提高德育的吸引力、感染力、说服力。

开展形象德育，是顺应图像时代发展的需要。随着互联网和

① 钱学森：《关于思维科学》，上海人民出版社 1986 年版，第 137 页。

现代信息技术的发展，人们以图像化的方式来建构我们的“生活世界”，进入了海德格尔所说的“世界图像时代”。当前的世界正普遍经历着从以文字为中心的理性文化形态向以形象为中心的图像文化或者说“视觉文化”形态的转型。图像时代与以往时代最大的不同就在于，人类以图像而非文字作为观察和把握世界的主要方式，把握经验的方式比起以往都视觉化和具象化了。图像是形象的载体，图像承载、传播、显现的直观、感性、生动、具体的形象，日益成为影响人们思想方式和行为方式的重要因素。

面对遽变的社会和缤纷的图像，德育要善用图像传载和显现的形象，寓德育于形象之中，着力探索和发展形象德育。形象德育不是图像的简单堆砌和直观图解，更不是对理论教育的简单否定和蓄意背离，而是在说理教育的基础上，更加重视运用图像传载的生动形象进行德育活动。形象德育强调的是，在图像的世界里学会形象的塑造、选择和解读；在形象的认知中体会深邃的思想、情感和价值；从虚拟形象中透视、联想、关注、反思现实社会；在生动的场景的描绘和体验中，感悟人生哲理。形象德育，最重要的，是通过活跃充盈的生动形象来昭示人们一种深刻的思想，使人们获得人生的启迪和精神的升华。

回应图像时代的要求，德育必须正确理解和运用形象开展育人活动。形象德育说到底，就是运用形象立德树人。形象德育的内容和方法是形象的，思想意蕴却是深刻的。形象的内容和方法表达着深刻的思想意蕴，最终是要达到形象育德、形象育人的目的。在这方面，习近平总书记提出的中国梦就很好地诠释了图像时代形象德育的真谛。习近平非常注重用形象的方法来启迪、教育和动员人民特别是青少年，他提出的“中国梦”的形象话语，生动地表达了中国人民包括青少年实现中华民族伟大复兴的共同理想和美好愿景，把实现社会理想和个人理想形象地结合在一起，给人们美好的想象和憧憬，成为感召、吸引、团结、凝聚全国人民共同奋斗的强大精神动力和不竭的力量源泉，产生了很好的教育、激励、动员效应。因此，德育要适应图像时代的变化和要求，就要注重形象德育。既要善于从图像入手，运用大量生动的形象来进行教育，又要着力揭示生动形象蕴藏的深刻的价值意蕴，引导青少年形成正确的思想观念和价值取向，达到提升思想境界，塑造理想人格，实现人生价值的目的。

三　有利于促进学生全面发展

研究形象德育，源于学生成长为德、智、体、美全面发展的人的内在需要。形象德育，把德育思想形象化、生动化、具体化，即把抽象的道理寓于生动的、直观的、形象的事物、人物、场景、情境之中，使教育对象充分调动各种感官，直接感受各种生动、具体、感人的形象，并在各种形象变幻、组合、碰撞、激荡的过程中，深刻感知、体验、认识生动的形象蕴含的深刻思想意义。

形象德育能促进形象思维和抽象思维的交叉渗透，使人的思维水平和综合能力得到全面的提高和充分发展。形象德育具有内隐性。形象传达思想信息，不似理论教育那般直接，它很含蓄，不直接亮出思想观点，而是诉诸形象，给人以想象和思考的空间，在进行形象解读时可以利用自己的想象加以重新组合、加工和创新，表现出更强的个性化、创造性倾向，锻炼和培养了受众的想象力、理解力、创造力，激发和丰富了受众的创造性思维活动。

形象德育能促进形象思维和抽象思维的协调发展。现代思维科学研究成果一再表明：单单抽象思维或形象思维无法达到认识事物的目的，在同一思维过程中，抽象思维和形象思维同时存在，互为前提、优势互补、互相促进，不能互相代替，也不能互相混淆。这是人的思维活动的客观规律。只有形象思维和抽象思维相互配合、协同作用，才能完成人类的高级思维过程，促进人的全面发展。列宁曾说过："有人认为，只有诗人才需要幻想，这是没有理由的，这是愚蠢的偏见！甚至在数学上也是需要幻想的，甚至没有它就不可能发明微积分。"① 数学作为高度抽象的自然科学的基础学科，都离不开幻想、想象等形象思维，其他自然科学和社会科学就更加离不开形象思维。马克思的《资本论》曾经引用莎士比亚《雅典的泰门》中关于金子的台词，形象地揭示了货币的本质及资本主义商品交换背后隐藏的人与人之间的金钱关系。马克思指出，"莎士比亚把货币的本质描绘得十分出色"②。可见，要深刻理解资本论，理解货币、资本的本质，也必须注重形象的叙述、表达和阐发。

形象德育还能有效促进人的全面和谐的发展。马克思主义唯物史观的全部出发点，是社会关系中的现实的人。因此，以马克思主义为指导的德育活动，也必须把培养和造就体现社会关系本质要求、适应当代社会发展需要的现实的人，作为出发点和落脚点。而培养和造就这种适应现代社会关系和社会发展的活生生的、现实的人，离不开形象德育活动。在形象德育的过程中，对于教育对象来说，无论是观察、记忆、描述，还是想象、思考和创造，这一切活动，都离不开具体形象的感性材料，离不开对具

① 《列宁全集》第33卷，人民出版社1957年版，第282页。

② 《马克思恩格斯全集》第3卷，人民出版社2002年版，第360—361页。

体形象的感知、认识、理解和把握，这对于启迪学生思想、丰富学生情感、促进学生的德智体全面发展，不无裨益。今天，我们全面贯彻党的教育方针，满足学生德智体全面发展的需要，特别需要高度重视和深入研究形象德育，为形象德育提供重要的科学依据和理论指导，全面、深入地推动形象德育活动，充分发挥形象德育促进学生全面和谐发展的不可替代的作用。

四　有利于开发人的潜能

形象德育能丰富人的想象力。想象力是在已有形象基础上想象新形象的能力。恰如康德所说，“想象力是即便对象不在场也在直观中表象对象的能力”[①]。形象德育，对于人的想象力的发挥、发展和运用，进而对人的潜能的开发，具有重要的作用。

想象力是人的重要潜能。马克思把人的想象力称为“十分强烈地促进人类发展的伟大天赋”。在《路易士·亨·摩尔根〈古代社会〉一书摘要》中，马克思指出：“想象力，这个十分强烈地促进人类发展的伟大天赋，这时候已经开始创造出了还不是用文字来记载的神话、传奇和传说的文学，并且给予了人类以强大的影响。”他在《〈政治经济学批判〉导言》中谈到希腊神话时又说，“任何神话都是用想象和借助想象以征服自然力，支配自然力，把自然力加以形象化”。高尔基直接把想象看成是形象的思维：“想象在其本质上也是对于世界的思维，但它主要是用形象来思维，是‘艺术的’思维。”[②] 想象力不仅是文学艺术发展的源泉，也是其他一切创造活动的源泉。著名的物理学家爱因斯

① ［德］康德：《纯粹理性批判》，人民出版社 2004 年版，第 101 页。

② ［苏联］高尔基：《论文学》，人民文学出版社 1978 年版，第 317 页。

坦在《论科学》一文中就深刻指出："想象力比知识更重要，因为知识是有限的，而想象力概括着世界的一切，推动着进步，并且是知识进化的源泉。严格地说，想象力是科学研究中的实在因素。"

形象德育，就是运用形象，启动人的大脑形象思维，使人们全身心、多方面认识、感受、体悟生动形象中的思想道德意蕴的道德实践活动。形象德育实质上是人们对日常生活中的具有思想启迪价值的事物和现象的直观感觉的应用，这种直觉以表象为基础，进行联想、想象与类比。因此，形象德育可保证大脑左右半球交替兴奋，互相补充，协同作用，使人们的形象思维能力与抽象思维能力有机地结合在德育过程中，在感知德育形象的过程中，展开想象的翅膀，获得思想的启迪。正如马克思所说："人同世界的任何一种人的关系——视觉、听觉、嗅觉、味觉、触觉、思维、直观、感觉、愿望、活动、爱，——总之，他的个体的一切器官，正像在形式上直接是社会的器官的那些器官一样，通过自己的对象性关系，即通过自己同对象的关系而占有对象。"① 形象德育正是通过全部感官感受生动形象的对象，才能深刻地认识、把握和占有对象。

形象德育为克服传统德育的缺陷，培养、丰富和开发人的想象力提供了现实出路。传统德育往往过于注重理论、思想、概念、原则的灌输，倚重左脑功能的利用和开发，相反地，对于发挥人的想象力、创造力及情感功能的右脑的开发相当欠缺，甚至常常忽视，对形象思维认识不足，更谈不上两种思维协调发展了，这就很大程度上阻碍了人的想象力的发展和潜在能力的开

① 《马克思恩格斯全集》第 41 卷，人民出版社 1979 年版，第 123 页。

发。著名科学家钱学森对于形象思维理论的研究相当重视，在《关于思维科学》一书中他指出要“把形象思维作为思维科学的突破口”，并大胆预言“思维科学的研究将孕育一场新的科学革命”。他还说：“我们一旦掌握了形象思维学，会不会用它来掀起又一项新的技术革命呢？这是颇为值得玩味的一个设想。”[①] 对形象思维的运用和研究不仅有利于人才培养，而且它很可能对教育改革和技术革命带来深刻的变革，其深远意义不可低估。事实上，很多影响人类和历史的光辉成果就是运用右脑的图像记忆机能与左脑的逻辑和语言紧密结合而创造出来的。形象德育主张形象化的学习、教育和训练，使得人的左右脑协同发展，因而能有效开发人的生理潜能、心理潜能、智慧潜能，使人的潜在能力和能量得到更好的发掘和发挥。

形象德育能激发人的创造力。人是一种社会动物，人在社会实践中的相互接触、比较和竞争，会极大地增强人的竞争意识。马克思指出：“在大多数生产劳动中，单是社会接触就会引起竞争心和特有的精力振奋，从而提高每个人的个人工作效率。……这是因为，人即使不像亚里士多德所说的那样，天生是政治动物，无论如何也天生是社会动物。”[②] 在改革开放和发展社会主义市场经济的条件下，市场竞争导致社会竞争，竞争机制进入社会生活的方方面面，社会实践和社会生活中的竞争日趋激烈。社会主义市场经济条件下的接触、比较、竞争需要创新，创新则会增强竞争优势。运用社会实践中勇于探索、积极创新的成功的现实典型和生动案例来教育人们，就能激励人们向创新的成功典型学

---

① 钱学森：《系统科学、思维科学与人体科学》，《自然》1981 年第 1 期。

② 《马克思恩格斯全集》第 23 卷，人民出版社 1972 年版，第 362—363 页。

习，见贤思齐，增强人们创新的欲望、意识和精神，激发人们创新的内在动力。形象德育除了运用现实生活中创新成功的生动典型形象地对人们进行教育外，还可运用反映现实生活中勇于创新的艺术作品中的艺术典型形象地对人们进行教育，用栩栩如生的典型化的艺术形象来再现社会生活的本质，揭示竞争的必然趋势和创新的时代价值，启迪和增强人们的创新意识和精神，增强人们的创新动力。形象德育还可运用大众传媒特别是基于互联网的新兴媒体，再现社会主义市场经济条件下特别是经济全球化条件下的激烈竞争的现实和创新的必然性、紧迫性，不断激发人们创新的欲望、意识和动力。因此，形象德育对人的创新动力具有极大的激发作用。

形象德育能促进人的形象思维和抽象思维的相互交叉、渗透和互补，激发和形成人的创新思维。钱学森在写给文艺工作者的一封信中曾就科学工作和艺术工作做出了透彻的分析："从思维科学角度看，科学工作总是从一个猜想开始的，然后才是科学论证；换言之，科学工作是源于形象思维，终于逻辑思维。形象思维是源于艺术，所以科学工作是先艺术，后才是科学。相反，艺术工作必须对事物有个科学的认识，然后才是艺术创作。在过去，人们总是只看到后一半，所以把艺术和科学分了家，而其实是分不了家的；科学需要艺术，艺术也需要科学。"① 现代思维科学研究成果一再表明：单单抽象思维或形象思维无法达到认识事物的目的，在同一思维过程中，抽象思维和形象思维同时存在，互为前提，交叉渗透，优势互补，反复交替，互相促进，共同发

① 钱学敏：《谈文化不能没有科学精神——从钱学森的"把科学'注入'到文化中去"谈起》，《北京日报》2012 年 7 月 16 日。

展。这是人的思维活动的客观规律，人的潜能开发不能离开这个规律。也就是说，只有形象思维和抽象思维相互配合、协同作用，才能完成人类的高级思维过程，人的思维潜能开发才得以可能。一个真正伟大的文学家，他首先也必须是一个深刻的思想家，也就是要达到恩格斯评论莎士比亚时“具有的较大的思想深度和意识到的历史内容，同莎士比亚剧作的情节的生动性和丰富性的完美的融合”[①]，形象德育运用先进的典型人物，生动的艺术形象和直观的生活景象，对人们进行思想道德教育，揭示典型人物、艺术形象和生活景象背后的深刻本质，不仅能够引发人们对生动形象的先进典型、艺术形象和生活景象中蕴含着的深刻价值观念、道德伦理和思想内涵的思考，而且能使人们把生动的形象思维和抽象的理论思维结合起来，把“高尚的精神塑造人、优秀的作品鼓舞人与科学的理论武装人”结合起来，有效地促进人形象思维和抽象思维的交叉渗透和交替运用，进而有效促进人的创新思维的形成和发展，为激发人的创造力提供重要的思维方式，奠定重要的思维基础。

形象德育能促进人的形象思维的发展，促进创造力的活跃，促进人们做出重大发现、发明和创造。著名的“相对论”的学说就是以爱因斯坦虚构的“快速列车”与“闪电”的形象为基础。这种具体的场景给高度抽象的相对论理论以合乎逻辑的形象化说明，是“相对论”的可感性认识基础。爱因斯坦曾经明确表示，他思考问题时不是用语言进行思考，而是用活动的跳跃的形象进行思考，当这种思考完成以后，他要花很大力气把它们转换成语言。可以想见，缺乏这一形象化的认识基础的高深理论是很难表

① 《马克思恩格斯选集》第4卷，人民出版社1995年版，第557页。

述得如此清晰明白的。无产阶级文学家高尔基，在《论文学》一书中这样写道：“是因为这一切都是理性和直觉、思想和感情和谐地结合在一起而创作出来的形象。”而同样，在科学研究中，纯粹的抽象思维也是不存在的，总是要借助一定的形象思维，可以说，任何一项科研成果都离不开生动具体的事物和对象。达尔文的进化论学说，是他爬高山、走丛林、挖化石、采矿物、搜标本，对这些形象进行深入、全面、系统的分析、观察、收集、比较、研究，并用生动的想象和联想来再现古生物原形的伟大成果。达尔文对生物形象的认识、观察、研究活动贯穿于他的全部认识过程的始终。甚至在经过大量观察、研究之后，他推导、总结出的生物演化规律仍是需要运用生物形象来加以验证的。实际上，任何科学研究和重大发现，从一开始就必然包含着对自然界花鸟鱼虫、飞禽走兽以及人类社会变化的具体特征的观察和认知，始终是以形象思维为基础的。

形象德育在德育过程中，把生动的直观和科学的抽象结合起来，把形象教育与理论教育结合起来，把感性认识与理性认识结合起来，由形象上升到抽象，再创造出新的形象；由感性上升到理性，再把理性认识运用于实践，形成新的具体，不仅能使人们受到生动而深刻的教育，增强德育的吸引力和说服力，而且能使人们的创新能力、创新活力和创新潜力得到极大的迸发，从而使人们的潜能得到极大的开发和利用。

形象德育能提升人的感悟力。形象德育具有内隐性。形象传达思想信息，不似理论教育那般直接，它很含蓄，不直接亮出思想观点，而是诉诸形象，给受众以想象和思考。思想信息本身具有的倾向性特征就能被很好地隐藏起来，受教育者也会逐步向教育者的意图靠拢，最后形成共鸣。所以说，给受教育者提供广阔选择的空间，尊重受教育者的个性需求，使他们尽情享受个性发挥带来的快乐，这是视觉说服成功的心理内因。当然，这不是说理论教育就不需要受教育者的参与，而是说形象德育能够给受教育者提供更大的参与、想象、感悟空间。这时形象本身携带的大量的个性化的特征化的信息会凸显，受教育者在进行形象解读时可以利用自己的想象加以重新排列、组合、加工，表现出更强的个性化、自主性倾向，这就为受教育者提供了更大的思维空间和精神空间，受众的想象力、理解力、感悟力得到了很好的锻炼和培养，激发和丰富了受众的反思性、感悟性思维活动。毛泽东在党的七大闭幕式上饶富意味地讲述了“愚公移山”的故事，以“愚公移山”这一老百姓家喻户晓、耳熟能详的经典寓言故事来进行思想动员，提出要“下定决心，不怕牺牲，排除万难，去争取胜利”，号召人民群众与中国共产党同心协力，用愚公移山的精神，挖掉帝国主义和封建主义这两座大山。毛泽东对于“愚公移山”这一经典故事蕴含着的内在精神的挖掘、提炼和传播，极大地激发了全党以及全国各族人民英勇奋斗的极大热情和信心，经过了四年多的时间，人民群众成功挖掉了压在中国人民头上的两座大山。形象德育具有渗透性。无论德育活动中的教育还是自我教育，都需要借助生动具体的感性材料和直观形象来进行，这种德育活动，才更加生动有效。形象德育寓德育于形象之中，德育思想渗透、浸润于生动具体的感性材料、直观形象特别是生动的典型人物和艺术形象之中，具有很强的渗透性。爱因斯坦在《我的世界观》一文中曾指出：“每个人都有一些理想，这些理想决定着他的努力和判断的方向。就在这个意义上，我从来不把安逸和享乐看作生活目的本身——我把这种伦理基础叫做猪栏的理想。照亮我的道路的，是善、美和真。要是没有志同道合者之间的亲切感情，要不是全神贯注于客观世界——那个在艺术和科学工作领域里永远达不到的对象，那么在我看来，生活就会是空虚的。”爱因斯坦这段名言，既是他关于人生理想和价值追求的深刻思考，是其自我观照、自我反思、自我教育的结果，也是我们对学生进行理想信念教育的生动教材。爱因斯坦把满足于物质享受的“安逸”和“享乐”，称作是“猪栏的理想”，其实就是形象地告诉我们，人，不能仅仅停留在物质享受上，而应该有比物质享受更高的人生理想和价值追求，更多地思考如何用自己的劳动奉献他人和社会，实现真正的人生价值。他这种形象的比喻和描述，比很多长篇累牍的“大道理”更能震撼、启迪人的心灵。

形象德育具有情感性。形象德育赖以育德的生动形象，无论是树立的先进典型，塑造的艺术形象，抑或是选择的生活景象，都深刻体现了人们对社会生活本质的看法和思考，融入了人们的深厚情感，折射了人们的态度倾向，展现了人们的情感生活。运用生动感人的形象育德，可以把矛盾冲突特别是情感冲突典型化、形象化、尖锐化，由情入理，情理交融，引起人们强烈的情绪反应、情感投射和情感共鸣，产生情感的冲击力和感染力，达到以情动人、以情感人的德育目的。都德的《最后一课》是一篇著名的爱国主义作品，文中主人公小弗朗士作为一个顽皮的学生，在德占区禁止用法语上课的禁令生效之前，迟到后上了法语老师用母语讲的最后一课，这一课法语老师言行举止中对祖国的深厚感情，给小弗朗士留下了刻骨铭心的印象，使其受到了心灵的极大震撼和爱国主义情怀的强烈感染，深深感受到了“祖国”的内涵与分量。作者把爱国主义的思想隐藏在法语老师最后一课讲授的生动情景和形象中，使小弗朗士的爱国主义情感得到极大的激发。凡是看过这一篇作品的人，无不在潜移默化中深切感受和领悟到爱国主义的真谛。毛泽东在谈到革命高潮到来时，激情澎湃地指出："它是站在海岸遥望海中已经看得见桅杆尖头了的一只航船，它是立于高山之巅远看东方已见光芒四射喷薄欲出的一轮朝日，它是躁动于母腹中的快要成熟了的一个婴儿。"① 这对于坚定人们的革命信念、激发人们的革命热情、激活蕴藏在人民中的革命能量，夺取新中国的胜利，无疑起到了重要的感染、激励作用。

第二节　形象德育的内在依据

形象德育有其赖以进行的生理基础、思维基础和能力基础，其生理基础在于人脑的结构和功能，其思维基础在于人的形象思维，其能力基础在于人的形象思维能力，这构成了形象德育能够产生、存在和发展的内在依据，深刻认识和把握形象德育的内在依据，有助于自觉开展和深化形象德育活动。

一　形象德育源于人脑的结构及其功能

形象德育的开展，离不开一定的生理基础，这种生理基础，在于人脑的结构及功能，它构成了形象德育的生理依据。

人类脑科学的结构功能理论，深刻阐释了形象德育的生理基础。美国心理生理学家斯佩里曾于20世纪80年代开展了"裂脑人"实验，揭示了人脑左右半球在功能上的差异性，这一实验及其科学理论告诉我们，人的大脑由左右两个半球组成，左右脑在

① 《毛泽东选集》第1卷，人民出版社1991年版，第106页。

结构和分工上有明显的不同，左半球侧重语言符号的信息加工和逻辑思维能力；右半球偏重于情感、艺术活动和生动直观的形象思维；左右脑又有整体联系，左右脑之间有一块胼胝体，实现左右脑功能的交替作用，使左脑和右脑，抽象思维与形象思维互补、交叉、耦合。也就是说，人的左脑和右脑，形象思维和抽象思维相互交织、补充和转化，统一进行活动，从而达到对事物本质的理解和认知。这一发现揭示了左右脑存在着交替作用的一种关系，充分肯定了右脑在人类思维中的重要价值和独特作用。

人类思维方式发展经历了三次革命。第一次革命是“左脑革命”。人类思维实现了由原始的单纯的右脑直觉转化为以左脑的逻辑思维为主导，这标志着人类思维的第一场革命即“左脑革命”，这场“左脑革命”，使得左脑的逻辑思维力量得以极大地发挥，使得人类社会在几千年前从石器时代发生飞跃性的发展。第二次革命是“计算机革命”。“计算机革命”伴随着20世纪40年代末世界上第一台电子计算机的产生而开始。计算机严格遵循明确的逻辑规则和程序步骤，其数据信息分析、判断、编程、储存等主要功能，无一不是对人脑左半球逻辑思维的功能性模拟和运作，进一步延伸和拓展了人类的言语的、逻辑的、抽象的思维能力，可以说是“左脑革命”的进一步延伸和拓展。而伴随左脑的思维功能的发展，各种推崇左脑逻辑的力量不断被强化，右脑的思维功能越来越被压抑、被忽视和边缘化。教育包括德育领域往往以人的逻辑思维和言语能力为重，忽略人的非言语能力、直觉能力的培养，很大程度上偏废了直觉、想象、创造等右脑思维潜力的开发和挖掘。第三次革命是“右脑革命”。这一革命正是针对“重左脑、轻右脑”的现象和局限而提出的，致力于通过

“开发创造力和全方位的思维能力”，[①] 改变以往以左脑为主导的思维模式，是对于“左脑革命”和“计算机革命”的继承、发展和超越。它是思维科学的又一场新的革命。时任国务院副总理李岚清在1998年教育工作会议上提出，“开发右脑比开发左脑的作用还要大，现在再不进行素质教育，就到了一种极为危险的地步”[②]。钱学森曾指出，“有意识的思维，除抽象（逻辑）思维之外，还有形象（直感）思维和灵感（顿悟）思维”[③]。“右脑革命”致力于把侧重点转移到培养人的创造力上来，大力开发和培养非言语的、形象的、直觉的右脑功能，实现左右脑的协调发展，促进形象思维与逻辑思维的互补融通，不仅有利于推动人的智力的发展，而且它很有可能对德育和人的品德发展带来深刻的革命性影响，有力促进人的潜能开发和全面发展，其深远意义不可低估。

形象德育正是在人类思维方式变革基础上提出的，有助于克服传统德育领域中的弊端和缺陷，为促进左右脑的协调发展和人的和谐发展提供了现实出路。形象的存在既有自然的形态，也有社会的内涵，形象的自然规定性使得形象包含的社会内涵逐一显明，形象的社会内涵使得形象获得质上的规定性。形象创造不仅仅是人们追求感官上的享受或愉悦的结果，也与人的本质力量和人的主观能动性相关，熔炼着一定社会的内涵、精神和历史，彰显着人类社会发展的规律和历史文明发展的方向。由于个体情感与记忆系统紧密相关，形象德育的过程一刻也离不开形象的参

① ［美］托马斯·布莱克斯利：《右脑与创造》，傅世侠、夏佩玉译，北京大学出版社1992年版，第92页。

② 王成军、沈豫浙：《应用创造学》，北京大学出版社2010年版，第43页。

③ 钱学森：《关于思维科学》，上海人民出版社1986年版，第16页。

与，可感、可触、可知、可述的具体形象凭借生动具体性相唤起人的一种体认，并必然引起人们思想情感的反应和变化，产生愉悦、尊敬、憎恨、爱慕等情感，一旦具体可感的形象能够给人们带来情感上的影响和变化，那么这个形象就很容易嵌入个体的知识结构和经验系统，这时右脑的图像记忆机能与左脑的逻辑语言机能同时被调动起来了，实现交替兴奋、互相补充、协调发展，就更容易全面迅速地理解和记忆知识和概念，领会社会道德规范，提高思想认识能力和水平。在形象德育过程中，人们一方面通过看、听、尝、触、嗅等具体动作充分调动人的视觉、听觉、味觉、触觉等感觉感受、体验具体对象和生动形象，获得感官上的愉悦和满足，同时，这种感官上的愉悦又和人们精神上的陶冶是相通的，人们在捕捉、获取、吸收关于事物的信息的同时，认识和领悟生动形象中的思想道德意蕴。

二　形象德育源于人的形象思维

形象德育的开展，还离不开一定的思维基础。这种思维基础，就是人的形象思维，它是形象德育得以进行的又一重要依据，形象德育离开了形象思维，就成了无源之水、无本之木。

人类的思维方式归结起来，主要有两种，一种是抽象的逻辑思维，另一种是生动的形象思维。马克思很早就看到了思维方式的多样性，明确提出了思维形式的不同类型，“整体，当它在头脑中作为思想整体而出现时，是思维着的头脑的产物，这个头脑用它所专有的方式掌握世界，而这种方式是不同于对于世界的艺术精神的，宗教精神的，实践精神的掌握的”①。这里，马克思提

① 《马克思恩格斯选集》第 2 卷，人民出版社 2012 年版，第 701 页。

出了哲学思维、艺术思维、宗教思维和实践思维四种不同的思维方式，这四种思维方式的根本区别，主要在于抽象思维和形象思维的区别。除了哲学是以概念、判断、推理的抽象的方式反映世界外，剩下的艺术思维、宗教思维和实践思维三种思维方式总体上是以形象的方式反映世界，是一种形象思维。逻辑思维和形象思维，前者适用于哲学、社会科学、自然科学等人类的一切科学认识的活动，它的特点是，“通过概念的形式”反映现实，把反映现实的这种认识，凝聚在抽象的概念、公式、定理或理论的形式之中。抽象思维的结果是概念，以概念反映客观现实。而后者则适用于人类的艺术、情感、审美、实践活动，它的特点是，“通过形象的方式”反映现实，把反映现实的这种认识，凝聚在生动感人的情节、场面、图景、人物等构成的典型的形象之中。形象思维的结果是形象，以形象反映客观现实。抽象思维的进行，离不开形象思维，形象思维的产生，也离不开抽象思维。抽象思维和形象思维，可以相互结合，优势互补。建筑师在设计一幢新楼时，所用的材料是头脑中关于各种新楼的具体、生动的形象，需要对不同的形象进行多次对比、筛选、分析、组合，通过大量丰富的联想和想象活动，由此及彼、含英咀华、去粗取精，融入自己的理想、情感和个性，最终形成一幢新楼的蓝图。建筑师在设计新楼时固然也需要理论、模型、数据等抽象的材料，需要抽象的思维，只是所有的抽象材料终究且必须体现在某种具体的形象材料中，才能变成建筑的蓝图和物质的、现实的力量。建筑的理念和文化都蕴含在生动的蓝图和建筑里面，为人们领略和感悟作为艺术品呈现的建筑这种凝固的音乐和厚重的文化提供了形象的载体。

形象思维以生动的方式反映和呈现现象，又能深刻地揭示本质。恩格斯在谈到戏剧《风流娘儿们》时指出，“单是那个兰斯和他的狗克莱勃就比全部德国喜剧加在一起更具有价值”[①]。形象思维同样能认识事物的本质，只不过，对本质的反映方式不同。形象思维一刻也不能脱离具体的形象，它对于事物本质的揭露，舍弃了事物偶然的、表层的、次要的特征，通过集中化、典型化、概括化的方式表达出本质，在对本质的揭露上更直观、生动、形象。形象德育诉诸人的形象思维，不似理论德育逻辑井然地亮观点、讲道理、下结论，以抽象的真理说服人，而是通过人们可触及、可琢磨、可欣赏、可意会的形象来反映和表现社会本质，以真实的情感打动人。形象德育运用形象思维，往往舍弃现象，去除具体形象、人物、事物的细节、非本质的次要的方面，将反映一般、本质、规律的现象加以保留，概括、凝练、总结其中蕴藏的抽象的思想、价值、意义；接着，将蕴藏于具体形象、人物、事物之中的抽象的思想、价值、意义形象化，将一般、本质、规律的东西集中起来，用形象的人物、场景、方式表达出来。因此，在认识和揭示社会生活的本质上，形象思维既生动，又深刻，可以展现逻辑思维所表达不了的内容，具有特殊的不可替代的作用。

形象德育，源于、基于和诉诸人的形象思维，形象思维为形象德育提供了重要依据。形象德育，是运用形象的方式来育德的一种德育活动，形象德育诉诸形象思维创造的各种生动形象，通过栩栩如生、形神兼备的直观形象、场面、画面展现社会生活，揭示现实生活的本质。离开了具体形象，离开了形象思维，形象德育就不复存在。形象德育符合人的认识活动的规律。人们的认

① 《马克思恩格斯全集》第33卷，人民出版社1973年版，第108页。

识活动，往往是“从生动的直观到抽象的思维，并从抽象的思维到实践，这就是认识真理、认识客观实在的辩证途径”[①]。形象德育借助各种可感可触的典型形象，从具体的形象到深刻的思想，让受教育者通过生动的直观、形象的感知、情感的升华，逐步从感性步入理性，由现象深入本质，吸引力和说服力更强。例如，谈到社会存在的阶级和人的“阶级性”，理论教育和形象德育的论证与表达方式截然不同。理论的、逻辑的方式是，论证社会存在不同的阶级或集团，社会的经济结构决定不同阶级的存在，决定不同人的阶级属性，人的阶级地位不同，人的立场、观点、情感也不同。而表述同样的思想，形象德育采用的则是一种生动形象的方式。鲁迅就是采用了如下生动、形象的表达，“自然，‘喜怒哀乐，人之情也’，然而穷人决无开交易所折本的懊恼，煤油大王那会知道北京捡煤渣老婆子身受的酸辛，饥区的灾民，大约总不去种兰花，象阔人的老太爷一样，贾府上的焦大，也不爱林妹妹的”[②]。鲁迅通过形象的描绘和对比，深刻揭示了社会中的阶级差别和阶级对立，更能给人们留下清晰、难忘的印象。运用这样生动形象的事例、观点和材料来教育人，更具有震撼性、感染性与启发性。

基于形象思维的形象德育活动对激发人的道德情感同样具有其特殊的优势。道德情感与人积淀的知识经验、情绪感受有着密切的联系，并以联想和想象为中介。当人们在面对同一刺激物时，人的生活经验愈丰富，积累的表象记忆就愈丰富，就愈能运用联想和想象，激活大脑中与刺激物相关的认知和情绪记忆，获

① 《列宁专题文集：论辩证唯物主义和历史唯物主义》，人民出版社 2009 年版，第 135 页。

② 鲁迅：《二心集》，人民文学出版社 1973 年版，第 15 页。

得对于刺激物的深刻的情绪体验。具体来说，形象思维唤起人们经验系统一种体验和认识，这种体验和认识不是经过逻辑推理得出的，而是人们基于具体事物的性相产生的对于具体事物本质的一种感悟、凝练和概括，它在彰显人的本质力量的同时往往伴随着情感、情绪的产生。比如通常当人们看到大海时，会禁不住地感叹："真壮观!"人的观海行为是建立在人经由视觉、听觉等感官构筑起的一个关于大海的音、形、态在内的整体印象的基础上的，而人们观海之后发出的感慨以及一系列情绪上的变化，是对大海形象的欣赏、感受乃至判断直觉地产生的，并即时唤起内心的振奋和愉悦之情的结果。形象德育运用形象来育德，对于积累受教育者的丰富的表象、形象和经验的信息，不断激发受教育者的道德情感，锻炼和提升受教育者的形象思维有着重要的作用。

形象德育还可借助形象把一定思想观念和行为规范转化为个体的道德意识和行为，使受教育者在深度认同形象的基础上自觉效仿形象，践履社会道德规范。也就是自觉地通过观察、比较、鉴别，认同形象，开展形象模仿实践，效仿先进典型践履社会规范，调适自身行为，使得自身社会活动与效仿典型形象的行为方式一致，这种效仿行为本质上是一种对典型形象的效仿。在现实生活中，孩子效仿父母的行为，人们走上街头帮扶助人，往往是在具体的价值实践中，受到父母和他人具体的行为、动作、表情等感性具体的形象耳濡目染，逐渐形成的一种行为习惯和价值自觉。这种行为习惯和价值自觉，往往是直接的、感性的、顿悟式的。有时候是在某一种情境下由一种情感触发、推动不由自主地产生的，甚至效仿者也始料未及。可见，当学习者在想象自己正在模拟、效仿典型形象的行为与学习者实际的模仿典型形象的行为实践这两种活动发生关联时，大脑机制被激活。在效仿形象时，教育者通过引导学习者对典型形象的各种行为进行分析、评价、讨论，通过对照、比较、鉴别等方式，发现形象身上值得自己效仿之处，学习者需要将具体形象的行为方式、个性特质、细节信息在大脑中形成表象、印象，如果学习者在产生正确的行为后，教育者及时、客观地给予一定的精神鼓励和物质奖励等正强化，就能使学习者在效仿形象的社会道德实践中获得一种成功感、满足感，并不断调节、改进自身行为直至更加完善。

三　形象德育源于人的形象思维能力

理论教育的能力基于抽象思维能力，即运用概念、判断、推理及逻辑方法进行抽象思维的能力。形象德育的能力基于形象思维能力，即运用直观、想象、联想、创造、再现的方法进行形象思维的能力。这种形象思维能力，就是形象德育重要的能力基础。

马克思说："任何一种对象对我的意义（它只是对那个与它相适应的感觉说来才有意义）都以我的感觉所及的程度为限。"①人类生活在感性的、直观的、形象的世界之中，为了生存和发展，必须按照自身感官的尺度把握、感受、再现现实的形象，这便有了形象思维。一般来说，形象思维先于语言，人总是先发展形象思维后发展抽象思维的。而人的形象思维能力便是在长期的把握、感受、再现形象的过程中逐步培养和发展起来的一种思维能力，人的生活经验愈丰富，生命体验愈深刻，积累的关于世界的表象愈丰富，形象思维能力往往就愈强。任何人生活在形象世界中，都要有形象思维能力，艺术家通过观察生活寻找、把握、

① 《马克思恩格斯全集》第 42 卷，人民出版社 1979 年版，第 124 页。

塑造美的典型，一般人从自然、生活和艺术中欣赏、理解和改造形象，都离不开形象思维能力。这种形象思维能力是在人和自然、社会、历史的实践关系和现实基础上逐步发展起来的，它确认和彰显人的意志、目的、愿望、勇气、想象等本质力量，使得人的情感、情绪不断激发与活跃起来，产生成就感、愉悦感。

著名生理学家巴甫洛夫提出的“两个信号”及其“思维类型”的理论，为深入分析和理解形象德育的能力基础即形象思维能力提供了重要依据。巴甫洛夫认为，第一信号是人们关于现实世界的感觉和表象的信号，第二信号是言语形成的信号，是“信号的信号”。第二信号是人类独有的，它是在第一信号系统基础上形成的，正是借助第一和第二信号系统，人们才能不断地能动地认识和反映世界。巴甫洛夫根据人的两大系统的不同特点，将人的思维活动分为艺术型、分析型、中间型三种类型。不同类型的人倾向于依靠不同脑半球来思维，艺术型倾向于依靠右脑思维，第一信号系统相对占优势，比较活跃，长于形象思维，善于想象和联想；分析型倾向于依靠左脑思维，第二信号系统相对占优势，较为活跃，长于抽象思维，善于分析和推理，常运用概念进行判断推理来把握事物；中间型的人介于这两者之间，往往是第一、第二信号系统结合运用，绝大多数人属于中间型。德育主体开展德育活动时，由于学习背景、思维习惯、能力基础、网络技术水平等因素的影响，有的擅长形象思维，有的偏好抽象思维，往往也会倾向于采取不同的德育方式。

人的形象思维能力是指人们运用具体的形象或图像反映思维内容的能力和水平。人类在经历漫长的生产活动中逐步发展了大脑神经系统及其功能，经过对形象的长期艰苦的学习、训练和实践，便形成和发展了形象思维能力。这种形象思维能力，一方面要有世代遗传积淀下的生理条件做基础，另一方面要凭借个体的长期努力、培育、实践，而一旦人的富有创造力的形象思维能力与深刻的抽象思维能力相结合，便会孕育、产生、创造出优秀的作品和成果。外界表象信息丰富浩如烟海，为什么人们对一些形象信息欣然接受，而对另一些形象信息置若罔闻呢？为什么不同的艺术家在创作形象时对大小、高低、远近、浓淡、疏密、深浅、明暗、隐显等细节关系的处理不尽相同呢？这是因为，不同类型的人，其形象思维能力不同。人的形象思维能力从深层意义上讲，是在社会实践中确立起来的，又是在社会实践中不断拓展的，任何形象都是具体直观的，是感官直接可以认识、占有和把握的。人民音乐家聂耳在一次同友人到黄浦江码头散步时，忽然听到码头搬运工人的号子声。身边的友人对此并未注意，而聂耳却被这工人的劳动呼声所深深吸引，情不自禁地感叹道：“这有节奏的劳动呼声，多么壮美，旋律多么有力啊！这简单的不断重复的吭唷吭唷，有一种动人心魄的力量。”[①] 聂耳有感而发创作出著名的《码头工人歌》，成功地塑造了中国工人阶级的生动艺术形象。显然，聂耳能创造出《码头工人歌》这一艺术作品，是“长期积累，偶然得之”的结果。正是具备敏锐的艺术感受力，在社会实践中长期关注旧中国劳苦大众的生活境况，产生了强烈的同情怜悯的阶级感情，才获得了友人所未有的深刻体验。

形象德育的开展有赖于教育者和受教育者的形象思维能力的提升。德育工作者在进行形象德育时，需要运用形象化的表达方式、习惯、载体、语言开展德育活动，必须增强自己和受教育者

① 军械技术学院政教室本书编导组编写：《哲学趣例300题》，河北人民出版社1985年版，第288页。

的联想想象、排列组合、再现创造等形象思维能力。人们都具有形象思维能力，不同的是普通人的形象思维能力，一般并不是自觉的，而是自发的，他们在思考时头脑也可能浮现出形象，但总归是偶然的、碎片的、无规律、不系统的，不能构成完整的形象或形象体系，说到底，普通人一般缺乏训练有素的形象思维能力，难以进行有始有终、有因有果的形象思维活动。艺术家进行艺术创作，需要从不同角度，感受、体验和想象不同的事物，不断发展和提升形象思维能力。不同种类的艺术家，观察现实、反映现实的手段不尽相同，比如画家更关注颜色和构图，作家对生活细节和语言更敏感，音乐家易于被旋律所吸引，然而有一点是相同的，就是都需要以实际的生活体验作为艺术灵感的来源和依据，不断发掘、锻炼和提升自己的形象思维能力。德育工作者也需要具备这样的形象思维能力，唯有如此，才能通过形象的内容和方法来教育人、影响人、塑造人。德育工作者要培养自己和受教育者的形象思维能力，就要注意培养和发展敏锐的形象感受能力，牢固的形象储存能力，精准的形象识别能力，丰富的形象想象能力、新颖的形象创造能力、生动的形象描述能力、灵活的形象运用能力等。而受教育者接受教育者的影响并创造性地运用形象参与形象德育的过程，也同样需要这些能力。形象思维能力的训练和培养不是一蹴而就的，而是一个长期的过程，几乎都要经过一个系统学习、反复训练、不断提高的过程，德育工作者要在形象德育活动的双向互动中，通过直接观察、亲身体验、联想想象、艺术创作、艺术欣赏等长期、刻苦的训练和培养，有意识地运用形象来传达、承载思想观念，创设生动而充满创造力的德育情境，增强自身的模范带头作用，组织带领受教育者体验、参观祖国的大好河山和欣赏优秀文艺作品，主动引导受教育者参与、发现、效仿生活中醇美高尚的形象，并在实践中推进形象思维能力从自发向自觉，从零散到系统，从低级向高级的发展，不断增强自己的审美意识、审美修养和形象思维能力，实现以形象为媒介的教育者的形象创设能力和受教育者形象接收能力的有效衔接和内在统一，从而为深化形象德育活动、彰显形象德育实效奠定坚实的基础。

第三节　形象德育的基本规律

形象德育，是一种重要的德育活动。它不仅有其产生发展的过程，而且有其内在的客观规律。列宁认为，“规律就是关系。……本质的关系或本质之间的关系”。形象德育的规律是形象德育固有的、本质的、必然的联系。只有深入分析形象德育固有的本质的关系或本质之间的关系，正确认识、把握和运用形象德育的规律，才能更好地开展形象德育，不断提升形象德育的实效。形象德育规律包括主客感应规律、情理交融规律、形神统一规律。

一　主客感应规律

形象德育，是依托和运用生动具体的形象开展思想道德教育，培育、塑造和提高人的思想道德素质的一种社会实践活动。主观与客观的关系是形象德育固有的、本质的、必然的联系。在形象德育活动中，客观是指客观存在的对象，主观是指人对客观存在的对象的认识和反映，主观与客观的关系，是一种相互作用、相互影响、相互感应的关系。在这种主客观关系中，客观存在的对象决定人的主观认识，人的主观认识又能动地作用于客观存在的对象，两者是决定作用与能动作用的关系。没有这种相互作用与相互感应，形象德育就难以产生、存在和发展。因此，主客感应规律是形象德育的重要规律。深入探索形象德育的主客感应规律，对于深刻认识和把握形象德育主观与客观之间的本质的、必然的联系，自觉运用这一规律推进形象德育活动，提高当前我国德育的实效，不无裨益。

形象德育的主客感应规律，主要涉及形象德育中主体与客体、认知和建构、体验和熏陶之间的本质的、必然的联系。下面我们分别加以探讨：

形象德育的主客感应体现为主体与客体的互动。

形象德育的主客感应规律，首先体现为形象德育中主体与客体之间的必然的、本质的互动关系。

形象德育的主体与客体，都是以形象为中介来认识客观事物的，无论形象德育主体对典型形象的塑造，还是形象德育客体对典型形象的感知，都是通过一定的形象来认识和反映客观对象的。而这种塑造与感知形象的活动，既受着客观存在的对象的影响，又受着人的主观因素的影响，是主观与客观交互作用、相互感应的产物。

在这种主客感应中，客观存在的对象对人的形象的主观认识活动起着决定性的作用。意识，在任何情况下，都是客观存在的反映。因此，任何对客观对象的形象的反映和认识，也始终受着一定社会历史条件下客观对象的决定性影响。列宁在分析托尔斯泰创作的作品和思想的矛盾时，明确指出托尔斯泰的文学作品和思想矛盾根源于当时俄国现实生活的“矛盾条件”，同时又是“社会影响”和“历史传统”的反映。因此，“托尔斯泰的学说不是什么个人的东西。不是什么突发的独特的东西，而是千百万人在相当长的时期内实际所处的一种生活条件产生的思想体系”。客观存在的自然界和人类社会，作为人们形象化认识的对象，也并不是一成不变的，而是会随着实践的深入和时代的发展而发展。这种客观已经不是原有的客观，而是在社会实践特别是生产实践中经过人工改变和创造的世界，深深打上了人的烙印，确认、昭示着人的本质力量，并对人们形象化地认识客观世界产生决定性的影响。恩格斯指出：“我们只能在我们时代的条件下进行认识，而且这些条件达到什么程度，我们便认识到什么程度。”[①] 恩格斯还指出，人的“连续不断的感性劳动和创造，是整个现存感性世界非常深刻的基础”[②]。马克思说，“生产不仅为主体生产对象，而且也为对象生产主体”[③]。社会实践以巨大的物质力量改变着人同自然、人同社会的关系，既创造着新的审美对象，又“创造着具有人的本质的全部丰富性的人，创造着具有深刻的感受力的、全面的人”[④]，深化着人的形象化认识。

然而，人们通过形象反映和认识客观对象的活动，不仅受着客观对象的决定性影响，而且还受着人的主观因素的能动性影响。人的个性、经验、意识、情感等，对人们获得客观对象的形象化的正确认识，有着重要的能动性影响。正如马克思、恩格斯所说，“任何一个对象对我的意义……都以我的感觉所及的程度为限”[⑤]。人是以自己的尺度衡量、认识世界的。恩格斯认为：“人只须要了解自己本身，使自己成为衡量一切生活关系的尺度，

① 《马克思恩格斯选集》第 3 卷，人民出版社 1972 年版，第 562 页。

② 《马克思恩格斯选集》第 1 卷，人民出版社 1972 年版，第 49 页。

③ 《马克思恩格斯选集》第 2 卷，人民出版社 1995 年版，第 10 页。

④ 马克思：《1844 年经济学—哲学手稿》，刘丕坤译，人民出版社 1979 年版，第 80 页。

⑤ 《马克思恩格斯全集》第 42 卷，人民出版社 1979 年版，第 126 页。

按照自己的本质去评价这些关系，真正依照人的方式，根据自己本性的需要，来安排世界。”① 不同的人，由于个性、经验、意识、情感不一样，认识事物的尺度也不一样，对同一个对象会获得不同的反映，产生不同的体验，解读出不同的思想内涵。

客观存在的对象是一样的，而人们通过形象反映形成的主观认识不一样，塑造与感知形象的结果不一样，恰好说明，人们的形象认识渗透着认识主体的强烈的情感，打上了认识主体鲜明的主观烙印。就拿观水来说，东汉刘向《说苑·杂言》中提到孔子与子贡观水的一段话：

子贡问曰：“君子见大水必观焉，何也?”孔子曰：“夫水者，君子比德焉。遍予而无私，似德；所及者生，似仁；其流卑下，句倨皆循其理，似义；浅者流行，深者不测，似智；其赴百仞之谷不疑，似勇；绵弱而微达，似察；受恶不让，似包；蒙不清以入，鲜洁以出，似善；化至量必平，似正；盈不求概，似度；其万折必东，似意。是以君子见大水必观焉尔也。”

“大水”之象，寻常不过，孔子以水比德，探微发幽，通过联想和想象，剔除旁枝别叶，取大水之中最典型、最鲜明的特性，与君子之德性勾连起来，因与物契，由物及人，心物合一，启悟智慧，涵养德行。孔子此番感喟，既与大水的波澜壮阔、变化无穷的特性有关，更与孔子长期观察社会人生、思道悟法的生活积淀有关，可谓字字珠玑，寓意深刻，引人遐想，发人深省。

可见，人们以形象的方式反映客观对象时，总是会渗入个人的主观因素，往往以独特的方式，观察客观对象，开掘生活底蕴，提炼新的观念，表明自己的倾向和态度，抒发自己的思想和情感。

① 《马克思恩格斯全集》第1卷，人民出版社1956年版，第651页。

因此，形象德育中的主客互动，不仅是作为客观对象的客体对主体的形象认识和反映起着决定的作用，而且是作为反映者的主体对客体的形象的认识和反映发挥着重要的能动作用。正是这种决定作用和能动作用的统一，构成了形象德育主客体互动的必然的本质的关系。

形象德育的主客感应体现为认知与建构的统一。

形象德育的主客感应规律，还体现为形象德育中主体反映客体过程中认知与建构之间的本质的、必然的联系。这一本质的、必然的联系，既体现为形象德育活动中主体对客观对象的认知，又体现为形象德育活动中主体运用自身的个性、经验、意识、情感等对客观对象进行的建构，是认知与建构的统一。

马克思在美学笔记中，曾抄录了席勒的一句话，“美既是形式——当我们判断它的时候，又是生活——当我们感觉它的时候。它既是我们存在的状态，又是我们的创造”[①]。美是存在的状态，又是人们的创造。人们的审美认识，既是一种自然事物的美的反映，又是一种主观形态的美的建构。皮亚杰认为，“一方面，认识既不是起因于一个有自我意识的主体，也不是起因于已形成的（从主体角度来看）、会把自己烙印在主体之上的客体；认识起因于主客体之间的相互作用。这种作用发生在主体和客体之间的中途，因而同时包含着主体又包含着客体”[②]。皮亚杰还指出，主客体的相互作用是通过中介物来实现。“这些中介物从作为身体本身和外界事物之间的接触点开始，循着由外部和内部所给予的两个互相补充的方向发展，对主客体的任何妥当的详细说明正

① 中共中央马恩列斯著作编译局《马克思主义与现实》编辑部编：《马克思主义与现实》第 2 辑，河南人民出版社 1991 年版，第 115 页。

② ［瑞士］皮亚杰：《发生认识论原理》，商务印书馆 1989 年版，第 21—22 页。

是依赖于中介物的这种双重的逐步建构。”① 在皮亚杰看来，认识起源于主客体的交互作用，而主客体的交互作用是通过中介来实现的，正是中介的作用，主客体的认识活动才得以发生，而这种认识活动，也就是一种通过中介产生的建构活动。

形象德育中的认识活动，也是通过中介得以产生和进行的，这个中介，就是形象。形象德育的主客感应，同时包括创造和欣赏两个方面。塑造形象的过程，是主体依据主观体验和主观需要创造或改造客观对象的过程，体现了人的自由精神的能动性创造。感知形象的过程，是主体从形象的形式感知进入其内在思想意蕴，建构自身精神世界的过程。无论是塑造形象，还是感知形象，都深深地融入了人们的个性、经验、意识和情感，这种个性、经验、意识和情感，促使人们对艺术作品及艺术形象加以想象性地阐释、充实，进行再创造，对形成自己独特的形象的认识，起着重要的作用。同样是咏梅，陆游写的是“驿外断桥边，寂寞开无主。已是黄昏独自愁，更著风和雨。无意苦争春，一任群芳妒。零落成泥碾作尘，只有香如故”。这里，陆游表露的是一种寂寞潦倒、无可奈何的消极颓废、悲观厌世的情绪。毛泽东写的是“风雨送春归，飞雪迎春到。已是悬崖百丈冰，犹有花枝俏。俏也不争春，只把春来报。待到山花烂漫时，她在丛中笑”。毛泽东表达的是凌寒盛开、飞雪迎春的积极人生态度。同样是“梅”，咏出的梅的形象不同，反映出咏梅者的心情、境界和追求也大不相同。因此，形象德育活动中，人们塑造和感知形象的认识活动，与其说是一种认知，不如说是融入了自己思想情感的一种建构。

---

① ［瑞士］皮亚杰：《发生认识论原理》，商务印书馆1989年版，第21—22页。

形象德育主客感应中的认识与建构，不仅体现在人们形象化的认识和把握客观对象，形成反映客观对象的形象方面，即塑造形象方面，还体现在人们对塑造出来的形象进行的欣赏与感知活动方面。这种欣赏与感知，是对塑造者的认识活动及其成果——形象，进行的再认识活动，是“二次认识活动”。这种“二次认识活动”，直接的认识对象是形象，根本的认识对象是原有的客观对象。“如果说，创作是从生活到作家再到作品，欣赏则是从作品到读者再到生活。”[①] 在艺术活动中，创作者在认识客观对象，创作艺术形象时，不是纯粹自然地、机械地反映客观对象，而是运用了典型化的创作方式，糅进了自己的个性、经验、目的、意识、情感等主观意识，因而，显示出很强的能动性、创造性和建构性。创作者创造的艺术形象，不仅是认知的产物，也是建构的产物。创作者总是试图通过自己的创作在艺术作品和艺术形象中糅进自己的生活体验和思想情感。艺术欣赏是形象德育的重要方式，在组织和引导受教育者欣赏艺术创作者创作出来的艺术形象时，不仅要直接感知和欣赏艺术形象，还要透过艺术形象，与艺术创作者产生心灵的互动和情感的交流，从而在这种深度的互动交流中达到对艺术形象的意义和情感的重构。

艺术欣赏的对象，是一定的艺术作品塑造的艺术形象。欣赏者在感知和欣赏艺术形象时，不仅通过艺术形象感知和认识其反映的社会生活、矛盾冲突和情节意境，还通过艺术形象感知和认识创作者熔铸其中的丰富的体验、思想、情感。当欣赏者开始调动自己的能动性、想象力和感悟力，根据自己的个性、经验、目的、意识和情感，加以判断、理解、过滤、选择和吸收，便是迈

① 陆贵山：《客体》，中国人民大学出版社 1989 年版，第 207 页。

入了对艺术形象进行重新建构的新境界。欣赏者对形象的把握，是内在心理状态和生命经历、人格力量的外在投射，欣赏者通过形象的认识和把握，建构起自己对自然、社会和人生的独特的看法和态度。

这种通过形象进行的“再认识”或“二次认识活动”，不仅体现在艺术形象的欣赏活动中，还体现在对一切形象塑造者塑造的形象进行的认识活动中。比如，先进模范人物，总是一定时代的产物，通过新闻报道、人物通讯、报告文学等方式塑造出来的先进模范人物，既是一定的塑造者对模范人物进行认识和建构的产物，表达了塑造者认同、赞赏和社会期待的理想人格，又会成为社会大众学习的典型和榜样。人们在学习先进模范人物的事迹和精神时，也会把自己的体验、认识、情感和态度，投射到先进模范人物身上，形成对先进模范人物事迹和精神的独特见解，并用以建构自己的世界观、人生观、价值观，指导自己的人生道路。

形象德育主客感应中的建构活动，主要体现在三个方面：一是形象的多义性为人们留下了选择的空间。人的直观所摄取的形象特征毕竟是有限的，形象特征所传达的意蕴则是无限的。任何塑造的形象，都具有思想内涵的多义性和多层次性，人们往往从自己个性、经验、目的、意识、情感出发进行选择，着重选择自己认为最有意义、最感兴趣的方面，加以理解和认同、内化，融入已有的认知结构，建立起新的形象认知。黑格尔说：“艺术美是诉之于感觉、感情、知觉和想象的，……我们在艺术美里所欣赏的正是创作和形象塑造的自由性。”[①] 因此，选择就是一种建

① ［德］黑格尔：《美学》第1卷，朱光潜译，商务印书馆1979年版，第8页。

构。二是形象的模糊性为人们留下了想象的空间。歌德说："优秀的作品无论你怎样去探测它，都是探不到底的。"任何塑造的形象，无论典型人物还是艺术形象，都是通过创作者的以典型化的方式创造出来的，都集中了主要的特征、情节和细节，但由于是一种形象化的概括，舍弃了一些次要的方面，并且提供给人们的是直接可接触、可感知的形象。形象的微妙之处，便在于它直接诉诸人们的感觉，需要调动人的感官去看、去听、去触摸、去体味。而形象包含的内容和信息往往潜藏着一些暗示、隐喻等不确定因素，给人相对模糊非确定的感受，召唤和等待欣赏者动用想象力去创造、去充实、去完善形象。人们以想象的触须去深入形象内部，独立地去建构较完整的图景，释放形象蕴藏的意义空间并使之为自身服务，从中获得再创造的愉悦体验。欣赏者的想象和建构甚至会超出塑造者所设想的动机、意旨、情愫、目的所限定的范围。如康德所说的，"模糊观念要比明晰观念更富有表现力……我们并不总是能够用语言表达我们所想的东西"[①]。因此，想象也是一种建构。三是形象的契合性为人们留下了重构的空间。形象所反映的社会本质和思想内涵，集中表达人们的理想、意愿和心声，有时超出创作者的意料，与社会思潮和社会心理发生高度契合，欣赏者一旦叩开情感的大门，人们往往迸发热情、情不能已。一旦特定的历史条件和社会环境爆发某种诱因，产生先导、催化作用，就会使形象中的潜在内涵、价值和意义骤然开掘出来，赋予原有的形象以新的生命，进而建构起新的形象认知。如同海涅所说，"每一个时代，在其获得新的思想时，也获得了新的眼光，这时它就在旧的文学艺术中看到了许多

① ［苏］阿尔森・古留加：《康德传》，商务印书馆1981年版，第113页。

新精神”[①]。因此，重构就是一种新的建构。

形象德育的主客感应体现为体验与熏陶的共生。形象德育的主客感应规律，还体现为形象德育中形象影响和作用参与者的体验与熏陶之间的本质的、必然的联系。形象德育的过程，既是形象德育参与者亲身接触、参与、感受、体验形象的过程，这一过程伴随着情感、想象、理解等多种心理因素的交融、更迭、交替，表现出强烈的体验性特征，同时也是形象德育参与者在塑造、欣赏、感知、认同形象过程中受到熏陶的过程，由耳目愉悦向心灵内修拓进的过程，两者密切联系，相互促进，在体验中受到熏陶，在熏陶中加深体验，达到体验与熏陶的共生，实现情感与思想的谐进。

形象德育的主客感应，首先体现为形象德育参与者的体验过程。体验是以身体之，以心验之，直接参与形象德育活动，直接接触、感受和体认形象的过程，这种体验更多的是一种亲身参与和感受基础上的情绪体验，创作者将自己的情感体验转化为一定的形象，体验者积极主动地缩短和体验对象之间的心理距离，建立一种情感上的连接，形成情感投射和情感共鸣的过程。黑格尔说：“艺术作品不仅是作为感性对象，只诉之于感性掌握的，它一方面是感性的，另一方面却基本上是诉之于心灵的，心灵也受它感动，从它得到某种满足。”[②] 形象存在的目的，不只是它们诉之于感官的具体形式，而是要通过一定具体的形式去唤醒人心灵深处的精神和力量。在形象德育的过程中，参与者调动全部的心理因素，包括情感、知觉、想象等，以自己的主体情思、人生经

---

① ［英］希·萨·柏拉威尔：《马克思和世界文学》，梅绍武等译，生活·读书·新知三联书店1980年版，第310页。

② ［德］黑格尔：《美学》第1卷，朱光潜译，商务印书馆1979年版，第44页。

验，全身心投入沉浸于形象之中，使得形象潜在的意义在体验中得到实现，甚至达到物我两忘、浑化同一的共感、共鸣的状态。荀子曰："不登高山，不知天之高也；不临深溪，不知地之厚也。"[①] 圣人俯仰天地，贯通过去、现在和未来的一切生命经验，而后回归内心，将自己置于山川河流的广袤空间和人格襟抱的开放世界，才产生出与体验对象灵犀相通的深幽境界。

亚当·斯密指出，"我们只能设想他人的感觉和能为他人的感觉所动，只是为了我们在想象中能和他人易地而处"[②]。"同情这事，与其说由于看见别人的感情引起的，还不如说是由于看见引起这种感情的那个情境而起的。"[③] "不论激动当事人的是什么事件，又不论这事件所引起的是怎样一种感情，只要是一个注意集中的旁观者，只要他能想到当事人的情形，在这旁观者的胸中便有一种相类似的情绪涌着出现了。"[④] 亚当·斯密所说的"人的同情感"，实际上就是由人通过对他人的情境和情绪进行设身处地的设想而形成的一种情绪体验。因此，体验就是设身处地地想象他人所处的处境及其情绪，把自己所想象的这种处境以及情绪投射到对方身上，产生的一种心灵的撞击和情感的共鸣。人们在反映客观对象的基础上塑造的种种形象，实际上就体现了人的情绪情感体验。人们总是摄取客观对象中最能体现自身情绪情感的特征，运用典型化的方法加以概括，创造出既生动鲜明，又饱含自身丰富情感的典型形象。"松、梅、竹"岁寒三友时常成为人们绘画创作和欣赏的对象，这是因为松、梅、竹具有坚韧、挺

---

① 荀子：《劝学》。

② 周辅成：《西方伦理学名著选辑》下卷，商务印书馆 1996 年版，第 178 页。

③ 同上书，第 181 页。

④ 同上书，第 179 页。

拔、正直、高雅、节操等审美属性，恰好地隐喻、象征和昭示着人们积极的人生态度和性格特点。它使人们把自身的人生感悟和情绪体验投射到岁寒三友身上，通过肯定“松、梅、竹”的审美属性，来表达自己的价值取向，肯定和坚持自己的品格操守。

形象德育的主客感应，其次体现为形象德育参与者的熏陶过程。体验是一种熏陶，熏陶是为了更好地体验。人们在体验和感知对象的过程中，不仅会产生一种主观认识和情感体验，还会使自己的思想、人格、心灵受到熏陶，得到升华，并在这一过程中，使自己的审美意识和能力不断得到提升。马克思指出，“如果你想得到艺术的享受，那你就必须是一个有艺术修养的人。如果你想感化别人，那你就必须是一个实际上能鼓舞和推动别人前进的人”[①]。人们不仅在感受对象的过程中获得情绪体验，还在体验对象、创作作品的过程中受到熏陶，陶冶自己的情操，升华自己的人格，提升自己的审美能力和人文素养。

形象德育的主客感应体验是由几个层次不同的方面共同构成的连续不断的动态演进过程，呈现出从感性认知到理性认知，从初级体验向高级体验，从外部体验到内部体验，从浅层感知到深层体悟的递进性。庄子将之称为从“耳目”的初级体验到“心意”的中级体验，最后到“聚气”的高级体验，南朝宗炳用“应目”“会心”“畅神”三个层次来描述艺术体验动态过程，这对我们深入理解和探讨形象德育的体验过程有着不可忽视的价值。

形象德育的体验进程涉及体验主体和体验对象两个方面，包括创作体验和欣赏体验两个环节，有着明晰的脉络，可以分为三

① 《马克思恩格斯全集》第42卷，人民出版社1979年版，第155页。

个阶段，这三个阶段在时间上相继进行，在逻辑上因果联系。首先是“感物起兴”阶段，即以全部感官协调配合、彼此联通，聚焦、观察、觅求对象的形式结构，与人脑中已有的经验掺和化合，融合成为比较完整的对于形象的表层的体验，是形象德育体验的第一阶段。在这一阶段，人们的感觉不是孤立地存在和反映客观事物的，而是相互打通、建立联系，实现不同感觉间的挪移、渗透、交织，作为一个整体来发生作用。其次是“神与物游”阶段，当体验主体“得其精而忘其粗”，抛弃偶然的、次要的形象的枝蔓，吸收最能表现形象的特征和情思的细节，找出连接无数个细节的情思主线，按迹寻踪，探测和求索形象的思想内涵，使得形象反映的精神世界丰富、生动、活跃起来，并被这种情思所感染时，体验者就正处于特定情境熏陶的进程中，达到这一阶段，算是进入了中间层次的体验境界。如果再深入一层去体会，我们就将进入“应感之会”这一最高阶段和体验境界。形象潜移默化地发生作用的集中表现，就是实现主体心灵与欣赏对象的默契相融，体验者对欣赏对象的象外之旨、弦外之音的综合把握，主客体在动态统一、融合重叠中实现双向建构，化合生成一种新的本质。体验过程是从对客观的对象的形式观照开始的，这一观照借助感官就可以直接把握，主体在欣赏对象的形式中获得愉悦感，然后进入体验的深层阶段，由感性认识上升到理性认识，形成理性的力量。当然，这里的理性力量不是通过逻辑分析把握事物的本质的力量，而是一种强烈而丰富的直觉理解和领悟能力。在这一阶段，主体在理性经验的领驭下反复咀嚼、仔细玩味，既有理智的指导，又有情感的渗透。在第一阶段，体验者在感官自觉中，获得的是感官的愉悦享受，在第二阶段，主体获得的是心灵的陶冶感化，在第三阶段，主体获得的是灵魂的净化升华。这三个阶段，是从“悦耳悦目”到“悦心悦意”最后到“悦志悦神”。可见，形象德育体验过程是由感官愉悦向内心升华的内外兼修的发展进程，主体调动全部感官，以完整、全面的方式把握客观对象，体验从认知开始，发展为经验，始终伴随着大量的想象和情感活动，既包含情感价值判断，又是一种理性认知过程，是理性与感性的统一、主客体感应的统一，最终目的是潜移默化地影响教育人。主体对形象的体验愈丰富、愈深沉，心灵受到的震撼和熏陶就愈强烈，感染和感化就愈深刻。因此，形象德育主客感应，是体验与熏陶的统一。

二　情理交融规律

形象德育作为依托生动具体的形象开展的德育活动，始终贯穿着情与理的关系。形象德育的过程，是情理交会、高度融通的过程。情与理，是形象德育固有的、本质的、必然的关系。情理交融规律，是形象德育的重要规律。

形象德育的情景交融规律，主要涉及形象德育中情融于理和理融于情、以情感人和以理服人、由情入理和由理驭情之间的本质的、必然的联系。以下将分别加以探讨：

情理交融是情融于理和理融于情的统一。

形象德育的情理交融规律，首先体现为形象德育中形象塑造、欣赏和育人过程中情融于理和理融于情的必然的、本质的关系。

形象德育中的形象，无论是鲜明的艺术形象、生活的典型形象、网络的虚拟形象还是生动的自然形象，每一种形象都包含着人们对形象的情感态度和独特见解，既倾注了人们的醇厚的情感，也反映了人们对社会生活本质的深刻理解。这种形象，本身就是情与理的统一，也就是情感和思想的统一。在中国古代，思想，不仅称为“理”，也称为“志”“义”“意”。汉代郑玄说：“诗者，志之所之也，在心为志，发言为诗。情动于中，而形于言。言之不足，故嗟叹之；嗟叹之不足，故永歌之；永歌之不足，不知手之舞之，足之蹈之也。情发于声，声成文，谓之音。治世之音安以乐，其政和；乱世之音怨以怒，其政乖；亡国之音哀以思，其民困。”[①] 诗歌作为文艺作品，是言志抒情、修身立行、成风化人的手段。志向和情感在人们内心中荡漾着、奔涌着，令人深深沉醉、如痴如狂，为了表达心中的志向和情感，人们发言为诗，赋诗言志，吟咏情性，抒发心志，志向和情感层层递进，一层比一层更强烈，而当诗歌还不足以抒发志向和情感时，情不自禁伴之以歌咏和舞蹈。可以说，一切文艺作品、艺术形象，都是作者情感、心志的抒发，是情与理的高度统一。

形象德育的这种理，是情中之理，这种情，是理中之情。情理交融，不光是融情于理，也要融理于情。刘熙载在《艺概·诗概》中指出，“余谓诗或寓义于情而义愈至，或寓情于景而情愈深，此亦《三百五篇》之遗意也”。诗歌创作必须以抒情为主，理寓情中，才能动人，寓情于景，情深意切。曹植的《七步诗》就是这样。曹植的哥哥曹丕继承皇位，忌弟弟曹植之才，百般刁难曹植，命其七步之内赋诗一首，否则将有杀身之祸。如何七步之内吟出妙诗，唤起手足之情，挽回一命呢？曹植情急生智，有感而发，七步成诗：“煮豆燃豆萁，豆在釜中泣。本是同根生，相煎何太急！”燃萁煮豆，世所常见，曹植以豆与豆萁同根相连的关系，暗喻曹家兄弟同父同脉、兄弟手足的血亲关系，寄情于

① 《毛诗序·大序》。

物、寓情于理，泣泪动情，暗示哥哥曹丕切莫同室操戈、兄弟相迫、骨肉相残，实乃理融于情、水到渠成、情至理归。听了曹植的七步诗，曹丕面露羞愧之色，遂放了曹植。这首《七步诗》，情与理浑融无间，是情融于理、理融于情的经典之作，至今读来仍让人荡气回肠，慨叹万千，掩卷深思。

情融于理与理融于情，不仅体现在文学艺术作品塑造的艺术形象中，还体现在人们发现、塑造和传播的生活的典型形象、网络的虚拟形象乃至生动的自然形象之中。比如在先进典型的塑造和宣传上，必须要注重情融于理和理融于情的统一。如果忽视情融于理，塑造和传播的是不食人间烟火，没有七情六欲的“高大上”的“圣人”形象，实际上就有形无形消解了先进典型人物的真实、魅力和权威，把先进人物变成了高尚却不丰满、伟大却不感人的僵化的符号，影响育人效果。而如果忽视理融于情，形象育人过程过度煽情而缺乏思想内容、高尚格调、现实关照和人性追问，会显得喧宾夺主，本末倒置，其教育作用更会大打折扣。虚拟形象德育也是如此，任何虚拟形象都是经由人塑造起来的“一种非理性的和不可用言语表达的意象，一种诉诸于直接的知觉的意象，一种充满了情感、生命和富有个性的意象，一种诉诸于感受的活的东西”①。经典的虚拟形象往往承载着创作者丰富而细腻的情感，同时又含蓄而隐秘地传达着一种深层次的文化内涵，是一定文化和价值、情感的符号和载体，情理合一的虚拟形象往往能体现人的思想情感，激发受众的情感共鸣。米老鼠是20世纪迪士尼最负盛名的经典动画形象。这只穿靴戴帽的圆耳朵小老鼠，是美国经济大萧条时期诞生的超级明星，这只小老鼠可

① ［美］苏珊·朗格：《艺术问题》，中国社会科学出版社1983年版，第134页。

爱、幽默，传递着创作者开朗豁达、幽默诙谐的人生态度以及对于勤劳上进、乐于助人的美好品质的内在追求，一经出现便深入人心，甚至被称为是仅次于罗斯福的“显要人物”，发挥了抚慰人心、提振精神、重塑信心的社会作用。同样地，当人们一步步接触、感知、认识自然界，按照自己的尺度去衡量自然对象，把自己的情感、意志、愿望投射在自然对象上，以物抒情，以物显理，创作或择取符合自己情感旨趣、价值追求的自然形象，这样的自然形象既饱含了人们的浓烈的情感，也彰显和表达人的本质力量，是情与理、情感与思想的统一。电影《上甘岭》中一位女护士所唱的歌曲：“一条大河波浪宽/风吹稻花香两岸/我家就在岸上住/听惯了艄公的号子/看惯了船上的白帆/姑娘好像花儿一样/小伙儿心胸多宽广/为了开辟新天地/唤醒了沉睡的高山/让那河流改变了模样/这是美丽的祖国/是我生长的地方/在这片辽阔的土地上/到处都有明媚的风光。”这首歌之所以打动人心，令人浮想联翩，印象深刻，就在于这位女护士在上甘岭的残酷的战争环境中，把祖国美丽的山川河流的自然形象与劳动人民的勤劳勇敢和异国他乡亲人的深切思念融为一体，生动地再现于屏幕上，强烈表达和讴歌了志愿军战士爱国主义的深厚情感，融情于理，融理于情，震撼人心，生动感人，起到了运用生动、美好形象育德的极佳作用。

形象德育要做到情融于理和理融于情，最重要的就是要教育和引导受教育者，在感知各种生动具体典型的形象的基础上，把自己置于特定的环境、情境中，深刻体验创作者的思想感情，理解作品中人的情感和思想意蕴，设身处地感受体验，展开丰富的联想和想象，产生情绪投射和情感共鸣，这样才能做到感染人、打动人、启发人、教育人。巴金在作品《家》中融入自己的思想和情感，用自己的艺术构思、想象和联想，成功塑造了“觉新”这一经典人物形象，真实反映和再现了新文化革命运动前后青年人的精神的心理状态，觉新的内心思想冲突和矛盾，内在的理想信念，与新文化革命运动前后青年人的精神的心理状态和信仰追求相契合，对同时代的青年产生了很大的教育作用。如同李健吾先生所说的那样，“巴金先生是幸福的，因为他的人物属于一群真实的青年，而他的读者也属于一群真实的青年。他的心燃起他们的心。他的感受正是他们悒郁不宣的感受。这些走投无路，彷徨歧途，春情初动的纯洁青年……你可以想象那样一群青年男女，怎样抱住他的小说，例如《雨》，和《雨》里的人物一起哭笑”①。在对《家》这部作品进行艺术鉴赏时，就要结合觉新生活的历史时代、遭遇的矛盾冲突、悲惨生活的经历，引导欣赏者把主人公的生存境遇和自身的生活体验结合起来，激发欣赏者的思考和共鸣，达到思想的启迪和情操的陶冶。

因此，形象德育的情理交融，既是情融于理的过程，又是理融于情的过程，是情与理的高度融合与统一。在运用生动典型的形象开展德育活动时，既要讲清情中之理，自觉地融情于理，又要讲清理中之情，自觉地融理于情。只有这样，才能使形象德育中的形象所包含的丰富的思想性和情感性，为受教育者所感受和掌握，做到情有所动、感有所悟、思有所得，产生最佳的德育效果。

情理交融是以情感人和以理服人的统一。

以情感人和以理服人的统一，是形象德育情理交融的实质，

---

① 张颐武：《巴金——让真理与青春同行》，2003 年 9 月 22 日，http：//news. xinhuanet. com/book/2003 －09/22/content_1132992. htm。

也是形象德育情理交融规律的集中体现。情与理相互渗透，感情和思想相互交织，感情是思想化的感情，思想是感情化的思想。这正是形象德育中的形象能够打动人、感染人、启迪人的关键。

形象德育中赖以育人的各种形象，本身都是情与理的水乳交融和完美统一。刘勰在《文心雕龙·体性》篇中说："情动而言形，理发而文见"，这里所讲的"情"与"理"，实际上就是指艺术创作的"感情"和"思想"。"情感因素是支配作家、艺术家把握现实、反映现实的内在力量，也是艺术想象的直接动力。只有情感的融入，才能使表象和表象发生联系，分解和组合，使整个艺术想象过程成为一个以情感为纽带的有机系统。"[①] 正是在特定的情景下作者的情绪被深深地触动、打动、感动，创作的激情被点燃，才能产生创作的欲望和灵感，并把自己对生活和事物的这种强烈的情感体验，全部倾注到艺术创作之中，展现在艺术作品之中，创作出优秀的艺术作品和艺术形象。这种艺术作品和艺术形象，既是作者强烈情感的产物，也是作者强烈情感的体现。创作者的情感愈强烈，艺术作品和艺术形象的感染力愈强烈。其实，不唯艺术形象，形象德育中的任何形象，都体现了形象塑造者的生活体验和情感态度，都是强烈情感的产物和体现。例如，现实生活中，人们发现、塑造、树立什么样的典型人物，就体现了人们对生活本质的不同理解以及鲜明的情感态度。不同的人，由于经验、立场、境遇的不同，对于社会生活的本质往往有着不同的理解，在对待典型人物的情感、态度上也不同。只有树立正确的关于社会生活的本质观念，区分社会生活的本质和表象，主流和支流，才能发现、塑造和树立体现社会生活本质、代

---

① 陈德礼：《中国艺术辩证法》，吉林人民出版社 1990 年版，第 71 页。

表历史发展正确方向的先进典型。

因此，开展形象德育，首先就要做到以情感人。要把生动典型的形象所蕴含的深厚的情感发掘出来，并且通过具体的细节、情节、场面、性格和尖锐的矛盾冲突集中地展现出来。只有这样，才能真正使情感成为教育、启发、激励人的重要力量。形象德育以情感人，总是通过一定的形象来进行的。不仅要把这种形象完整地展现给受教育者，而且要把这种形象的情感体验得以产生的外部环境和客观根据即“情由”展现出来，才能架起想象和情感的桥梁，使受教育者不仅感受到形象塑造者的深厚感情，感受到生动典型的形象所表达的现实社会人们的真实感情，还要使受教育者根据自己相关的生活体验产生想象和联想，把这种典型形象的感情及其表达的现实感情投射于自身，产生一种深刻的情绪体验和情感共鸣，转化为自身的感情，净化、升华自己的情感世界。因此，形象德育中的以情感人，就是要教育者自己以丰富而真挚的情感去感受、体验具体形象，发掘典型形象中的深厚情感，并用这种典型形象的深厚情感自觉地感染教育人，使受教育者设身处地地产生强烈的情绪体验和情感共鸣，在接触、了解、进入和感受形象的过程中受到感动、教育和激励。

形象德育，要重视感性的体验，以情感人，更要重思想的启迪，以理服人。形象德育中的理，不是一种抽象的大道理，而是生动具体的形象所表达出来的理。这种生动具体的形象，是运用典型化的艺术创作方法创作出来、反映了社会生活本质的典型形象，而这种理，就是典型形象所代表和体现的社会发展客观规律和社会生活根本法则，是用典型化的艺术方法概括和揭示的社会生活和社会发展之“理”。也就是说，不是抽象之理，而是形象之理；不是直接之理，而是间接之理，不是显性之理，而是隐性之理。形象德育中的理性因素，是通过情感主导的生动具体的表象的分解、组合隐匿地起作用的，是以直觉为基础，进行想象与联想，想象和联想则是形象德育以理服人的中介和纽带。这种形象之理，不仅间接参与了形象的创造，而且间接参与了形象的育德。正如马克思所说："人对世界的任何一种人的关系——视觉、听觉、嗅觉、味觉、触觉、思维、直观、情感、愿望、活动、爱，——总之，他的个体的一切器官，正像在形式上直接是社会的器官的那些器官一样，是通过自己的对象性关系，即通过自己同对象的关系而对对象的占有，对人的现实的占有。"[①] 因此，形象德育中的以理服人，是通过感官感知、体验、领悟生动具体的典型形象，以渗透于形象之中、交织于情感之中的理来育人，而不能脱离生动具体的典型形象来育人。

众所周知，任何艺术形象都是思想性和艺术性的统一。通过典型化的方式创造出来的艺术形象，不仅有着鲜明的个性特征，丰富的情感世界，而且有着深厚的思想意蕴。有了艺术性，艺术形象才能感染人、打动人；有了思想性，艺术形象才能教育人、说服人。艺术形象的思想性寓于情感性之中，启迪性寓于生动性之中。因此，形象德育就要把这种艺中之情、情中之理，通过一定的生动丰满的形象，巧妙地加以组合和运用，让所述之"理"和所抒之"情"，从情节、细节、对话中显示和流露出来，让读者和观众在感动之余，自己去分析、思考、比较和体悟，自然而然地得出应有的结论，于艺术欣赏之中受到教育和启迪。《白毛女》对地主残酷剥削农民的揭露，不是通过讲大道理揭示出来的，而是通过黄世仁对杨白劳和喜儿的残酷压榨、年关逼债、逼

① 《马克思恩格斯全集》第3卷，人民出版社2002年版，第303页。

人遁入深山变为白毛女的典型形象及其尖锐冲突表现出来的，它给人留下极大的震撼、深刻的思考和不尽的启发。焦裕禄的鞠躬尽瘁的精神，也是通过他“小车不倒只管推”的生动感人的言行和事迹展现出来的，焦裕禄的精神是伴随着他生动感人的形象而深深铭刻在人们心中并持久发生积极影响和教育作用的。黑格尔认为：“理想的艺术作品不仅要求内在心灵显现于外在形象的现实世界，而且还要求达到外在显现的是现实事物的自在自为的真实性和理性。”[①] 优秀的艺术作品所表达的深刻思想和哲理，不仅要通过现实世界生动具体的形象彰显，而且彰显的确实是蕴含在现实世界的生动形象之中的真实的思想和哲理，这样才能予人以启迪。“艺术创作中的情与理，来源于社会生活中的情与理，但又不同于生活中情与理的自然形态，它是‘即物达情’。‘理随物显’之情理，是审美感情与审美认识通过艺术形象达到的完美统一。”[②] 艺术形象本来就是审美感情与审美认识的统一，是情与理的统一。生活中的典型形象、网络中的虚拟形象等，也是如此。因此，形象德育的情理交融，既要注意避免抛开生动鲜明的形象干巴巴地说“理”，又要避免无所附丽、矫揉造作的盲目煽“情”。只有始终依托和运用生动具体的形象感染、影响、启迪人，才能让人们深刻感受和体会形象传载的物中之思、情中之理，产生抽象的理论教育所达不到的德育效果。

情理交融是由情入理和由理驭情的统一。

形象德育中的情与理要真正达到交融，就必须由情入理，由理驭情。即通过触动和激发人们的情感，使人们对某一生动具体

① ［德］黑格尔：《美学》第 1 卷，朱光潜译，商务印书馆 1979 年版，第 357—358 页。

② 陈德礼：《中国艺术辩证法》，吉林人民出版社 1990 年版，第 99 页。

的形象或对象产生热情和兴趣，进而激励人们探索和把握其中的奥秘和本质，形成规律性的认识，然后再运用理性智慧和理论探索的规律性认识，反过来指导、驾驭和支配人们的情感，使情感循着理性指引和主导的方向来激发人们追求和践行真善美的行动。

人们认识事物的顺序是情在理先，先有情感，后有认知，首先是个人对某个事物产生了情感，然后在情感的推动下来关注、接触、感知、体验这个事物，进而认识事物的本质和规律，上升为思想和理论。马克思指出："激情、热情是人强烈追求自己的对象的本质力量。"[①] 激情、热情是形象德育主体的本质力量的不可缺少的构成因素，也是形象德育主体借以表现自己的能动作用的冲击力量。有了形象德育主体对客观对象的情感反应，有了随之产生的激情、热情，才有激发主体强烈追求对象、塑造形象并用形象来影响人的本质力量。恩格斯在分析德国作家古兹科夫创作的剧本时，充分地肯定了情感和灵感的作用，"除了这种理性，还有如此强烈的激情；这种激情在他的作品中表现为灵感，并且把他的想象力引入一种几乎可说是兴奋的状态，只有在这种状态下才能从事精神创作"[②]。白居易曰："感人心者，莫先乎情，莫始乎言，莫切乎声，莫深乎义。"[③] 人们感知事物，感动人心，"莫先乎情"，都是先从情感开始。有了情感，就有了表现情感的语言和声音，就有了相应的文艺作品，就有了文艺作品所塑造的典型形象及其承载和表达的深刻思想。诗歌就是这样，诗歌根源于人的情感，表现为优美的语言和动人的韵律，蕴含和表达着人

① 《马克思恩格斯全集》第 42 卷，人民出版社 1979 年版，第 169 页。

② 《马克思恩格斯论艺术》第 4 卷，人民文学出版社 1985 年版，第 255 页。

③ （唐）白居易：《白氏长庆集》卷 45。

的见解、思想和志向。生活在一定社会中的人，总要通过一定的形式来表达自己的情感，这才有了诗歌、音乐、舞蹈等艺术的产生。形象德育，更要紧紧聚焦形象，先发乎形象之情，后发掘形象之理，情在理先，由情入理，在唤起人们情感的基础上，再深化人们的认知。形象德育中的形象，本身就是人们运用丰富情感创造的产物，并承载、寄予了人们丰富的情感。形象投射、折射和浸润着个体的情感，当把这种投射、折射和浸润人的情感的形象，用以育德和影响他人时，就会产生一种人与人之间情感的传递、感染和共振。在形象德育中，人们总是先有一定的情感，才能在情感的激励下发现、接触、感知、了解、探索一定的对象，形成对一定对象的认识，并把这种认识通过一定的典型的形象表现出来。没有人的情感，就没有典型形象的关注、发现和塑造。同样，形象德育中的传播形象、认同形象、效仿形象，作为运用典型形象开展的具体的德育活动，也始终离不开人的情感。只有通过典型的情境、情节、细节和矛盾冲突，使人们身临其境，才能深深地感染、感动、打动人，使人们产生强烈的情绪体验和情感共鸣，引发人们的思考，从中受到感悟和启发。因此，在形象德育中，要始终把情作为理的入门向导，注重由情入理，通情达理。

同时，形象德育要做到情理交融，还要注重以理驭情。形象德育的以理驭情，即通过理性去指导、驾驭情感的方向，控制、调节情感的强度，为达到形象育人的目标服务。情感活动始终贯穿着形象德育的全过程，而情感活动必须以理性为指导，始终离不开理性的引领和驾驭。思想越深刻、正确，就越能驾驭情感的方向，调节情感的力度，调适情绪的状态，以情感人的效果就越好。相反，如果思想浮浅、飘摇、模糊，理性就很容易受到感性的左右，理智就很容易受到情绪的干扰，甚至会被感性和情绪所支配。所以，情需循理，理需驭情。清代叶燮说，“夫情必依乎理，情得然后理真，情理交至，事尚不得耶？要之：作诗者，实写理、事、情，可以言，言可以解，解即为俗儒之作。惟不可名言之理，不可施见之事，不可径达之情，则幽渺以为理，想象以为事，惝恍以为情，方为理至、事至、情至之语”①。人的情感虽然为人认识事物、人物和社会打开了心扉之门，但是人的情绪体验和情感活动，往往只能形成人们认识事物的情感动力和对事物、人物和社会的粗浅的、表面的体验和感知，并且受着情绪化的影响，容易产生体验和感知的摇摆、反复，难以形成对事物本质和规律的深刻思想认识。并且人的情感体验和情感活动，如果没有反映事物本质和规律的理性认识指导、主导和驾驭，人的情感也无法积淀升华成深厚的稳定的持续的情感。这时候，经过理性指导的理性化了的、具有理性深度的高级情感，是情感与理性的有机统一，较之于一般的、普通的情绪体验，往往更深刻、稳定和持久。如对祖国的情感，就建立在对祖国历史和现实的深刻的认识之上，建立在个人与祖国相互关系和共同命运的深刻把握之上，没有这种深刻的思想认识，没有科学理性和理智的驾驭，人们的爱国主义情感就难以真正地形成，也难以真正付诸实践并在实践中经受考验。坚定的爱国主义者不仅有着对祖国的深厚感情，而且具有对祖国历史、文化和前途命运的深刻认同，只有以这种爱国主义的精神为核心的理智的驾驭，爱国主义的深厚情感才能真正形成并持续地发挥作用，转化为把祖国建设成为社会主义现代化强国的强大精神动力。在文艺作品塑造的艺术形象中，

① （清）叶燮：《原诗・内篇》。

每一个生动典型的艺术形象，都有自己的生活际遇、矛盾冲突、情感世界，都有自己的喜怒哀乐。“感觉到了的东西，我们不能立刻理解它。只有理解了的东西才更深刻地感觉它。”[①] 欣赏艺术作品就是这样，只有深刻理解文艺作品塑造的典型艺术形象的深刻的思想意蕴，才能理解这些典型的艺术形象人物的丰富的情感世界，理解他们的情感变化，并做出正确的情感判断和价值选择，使自己在体验艺术形象人物的情感世界和情感变化过程中升华自己的情感和认知。因此，我们在开展艺术欣赏等形象德育活动中，要在由情入理的基础上，始终注重以理驭情，从而真正达到情理交融、交互育人的目的和境界。

三　形神统一规律

在形象德育活动中，形与神的关系是形象德育固有的、本质的关系，其中，形是形态、形式、外相，神是思想、内容、本质。“形与神俱”，形神统一，神决定形，形彰显神，这是形象德育的内在规律。深入研究和探索形象德育的形神统一规律，有利于深刻认识和把握形象德育形与神之间的固有的、本质的、必然的联系，自觉把握和运用这一规律开展形象德育活动，提升当前我国德育的实效。

形与神的关系是形象德育固有的本质的必然的联系。

在形象德育过程中，形与神的关系是形象与精神的关系。形与神的关系，是有形和无形的关系，形象是生动、具体、有形的，精神是无形的，生动具体的形象构成了精神的载体，精神虽然看不见，但它却蕴含在形象之中，对形象及其德育作用的发挥

① 《毛泽东选集》第 1 卷，人民出版社 1991 年版，第 286 页。

起着决定性作用；形与神的关系，是外在和内在的关系，形是外在的，神是内在的，内在的精神总是要通过一定的外在的可感形象显现出来；形与神的关系，是形式和内容的关系，形是形式，神是内容，形象德育的形式展现形象德育的内容，形象德育的内容决定形象德育的形式。古今中外，人们对形与神的关系，尤其是艺术作品的形与神的关系做了不少探索，有助于人们深入认识、掌握和运用形象德育形神统一的规律。《乐记·乐象》曰："德者，性之端也；乐者，德之华也；金、石、丝、竹，乐之器也。诗，言其志也；歌，咏其声也；舞，动其容也。三者本于心，然后乐气从之。是故情深而文明，气盛而化神，和顺积中，而英华发外。唯乐不可以为伪。"德是人性的根本，乐，是德性的花朵。诗，抒发志向；歌，咏唱心声；舞，表达情感。诗、歌、舞都源于内心，然后乐器相随。所以，情感深厚就会文采鲜明，气度宏大就会变化神奇，和顺的情感聚积在心中，就会通过美好的音乐和神采表现出来。唯有乐才不可能伪装出来。这就告诉我们，艺术的真谛是思想和情感的抒发。没有思想和情感，就没有艺术。正如著名音乐家李斯特所说："诗歌和艺术天才的使命在于以美的光芒笼罩着真理，诱导思想高扬，用美激发被感动的心灵向善，使它上升到道德生活的高峰，在那里自我牺牲变成了享受，英雄行为成为需要，……自己什么也不要求，却在自身中找到能给予别人的东西。"① 在精神与形象的关系上，黑格尔做了深入的探索，"艺术的内容就是理念，艺术的形式就是诉诸感官的形象。艺术要把这两方面调和成为一种自由的统一的整

① 《李斯特论肖邦》，张法民等译，人民音乐出版社 1965 年版，第 108 页。

体”[①]。形与神的关系，表现在艺术作品上，就是艺术的内容和形式的关系，就是思想性和艺术性的关系。艺术的内容决定艺术的形式，艺术的形式表现艺术的内容。思想是艺术的灵魂，艺术是思想的外显。在形象德育中，必须始终注重用生动感人的艺术形象来传递、表达深刻的思想内容，使人们在欣赏艺术作品的过程中不知不觉地受到思想的熏陶。

形与神的关系贯穿于一切形象德育活动。形象德育的形象无论如何形态各异、千变万化，但总是承载、表达、彰显一定的精神，形与神的关系普遍存在于一切形象德育活动之中。不同形式的形象德育活动，按照内容可划分为艺术形象德育、生活典型德育、虚拟形象德育等，都始终贯穿着形与神的关系。缺少了神，形象德育就失去了灵魂，缺少了形，形象德育就失去了载体。形与神的关系最集中、鲜明地体现着形象德育的根本特征和固有优势。形与神分离、脱离或背离，形象德育就难以存在和发展。形象德育所依托和运用的各种形象，本身都是形与神的高度统一。开展形象德育，运用不同的形象打动人、感染人、教育人，归根结底，就是要使各种形象充分体现思想性，深刻反映社会生活本质和思想价值意蕴，又要兼顾艺术性，包含大量的事实、情节、景象、细节、场面、画面等，寓思想性于艺术性之中，寓教育性于娱乐性之中，寓价值性于审美性之中，才能真正发挥形象暖心、感人、化人的德育功能。同样，运用社会生活中生动感人的典型人物形象育人也不例外。先进典型是社会道德规范的积极维护者，是社会公认的道德理想人格的体现者。塑造和宣传先进典型，就是要善于从日常的、感性的生活世界中挖掘、总结、提炼

① ［德］黑格尔：《美学》第1卷，商务印书馆1979年版，第87页。

先进人物的感人事迹，并将这些感人事迹经过高度的概括和集中，凝练出一种高尚的精神，塑造具有感人事迹和高尚精神的先进典型，教育人们自觉认同、学习、践履生动感人的事实、故事、细节承载的先进典型的高尚精神。因此，塑造、宣传和学习社会先进典型人物，同样贯穿着形与神的关系。

形与神的关系贯穿一切形象德育活动的始终。一切形象德育活动的过程，都是发现、塑造、传播、认同、效仿形象的过程。无论是发现形象、塑造形象、传播形象还是认同形象、效仿形象，都始终离不开形与神的关系。发现形象、塑造形象，是形象德育过程的准备阶段。发现和塑造形象，既要注意发现和塑造各种形象具有的鲜明个性特征，这种鲜明的个性特征正是各种形象的“形”，更要注意发现和塑造各种形象具有的深刻思想内涵，这种深刻的思想内涵正是各种形象的“神”。发现、塑造形象，既要“塑形”，更要“铸魂”，这种魂，是形中之神，是形象所具有的思想、精神和灵魂。传播形象，认同形象和效仿形象也是这样。传播形象，是形象德育实施的重要阶段，是教育者和受教育者通过典型形象连接与互动的重要环节。在通过文艺演出、新闻报道、艺术欣赏、社会实践、网络互动等各种方式传播各种典型形象时，同样离不开形与神的统一。既要宣传各种典型形象极具个性化的鲜明特征，更要深入宣传典型形象具有的精神实质。认同形象和效仿形象，是形象德育的价值认同和践行阶段，即把受教育者由形象德育的客体转变为形象德育的主体，主动认同和践行形象德育价值的阶段。这一阶段，不仅要引导受教育者了解、掌握、认同和效仿典型形象的外部特征，更要引导他们深刻了解、掌握、认同和效仿典型形象的精神特质和价值追求。如对艺术典型和先进人物的认同与效仿，就不能拘泥于对细节、情节、音容笑貌、行为举止的认同和效仿上，而是要着重认同、效仿、弘扬艺术典型和先进人物的崇高精神和价值追求，这才是形象德育运用形象进行思想道德教育的根本落脚点。

形与神的关系是神决定形和形彰显神的有机统一。

形神统一规律揭示了形象德育固有的形与神之间的本质的、必然的联系。这种本质的、必然的联系表现在：

一方面，神决定形。神是形的决定因素，精神是形象的主导因素。黑格尔指出：“本质上是心灵性的内容所借以表现的那种具体的感性事物，在本质上就是诉诸内省生活的，使这种内容可为观照知觉对象的那种外在形状就只是为着情感和思想而存在的。”在形象德育中，一定的形象能否立得住、叫得响、传得开，都是由一定的精神所决定的，关键在于承载、表达、体现一定的精神。文学艺术形象，在这方面表现得尤为突出。鲁迅谈到美术创作时，强调指出绘画或雕像要表现一定的思想、精神和人格：“美术家固然须有精熟的技工，但尤须有进步的思想与高尚的人格。他的制作，表面上是一张画或一个雕像，其实是他的思想与人格的表现。令我们看了，不但喜欢赏玩，尤能发生感动，造成精神上的影响。”[①] 在形神关系上，中国古代文人更重气、重神、重风骨，强调“精、气、神”，把形神统一、形神兼备看作是艺术创作和欣赏的最高境界，认为要以形似而立象，以骨气显精神。李贽《诗画》云：“画不徒写形，正要形神在；诗不在画外，正写画中态”，提倡形神兼备，强调形神画态，状形传神。刘勰在《文心雕龙》一文中谈到文学创作时，深刻指出：“文之思也，其神远矣。故寂然凝虑，思接千载，悄焉动容，视听万里，

① 王观泉：《鲁迅与美术》，上海人民美术出版社 1979 年版，第 28—29 页。

吟咏之间，吐纳珠玉之声；眉睫之前，卷舒风云之色，其思理之致乎。故思理为妙，神与物游，神居胸臆，而志气统其关键，物沿耳目，而辞令管其枢机。枢机方通，则物无隐貌，关键将塞，则神有遁心。是以陶钧文思，贵在虚静，疏瀹五藏，澡雪精神。积学以储宝，酌理以富才；研阅以穷照，驯致以怿辞。然后使元解之宰，寻声律而定墨；独照之匠，意象而运斤；此盖驭文之首术；谋篇之大端。夫神思方远，万途竞萌，规矩虚位，刻镂无形，登山则情满于山，观海则意溢于海，我才之多少，将与风云并驱矣。”强调文学创作要“陶钧文思”，“澡雪精神”，在凝练文章的思想和精神上，下足功夫，这是文学创作的首要任务，也是创作出优秀的文学作品的关键。实际上，任何文艺作品能否成为优秀的作品，关键在于塑造典型的艺术形象。而塑造典型的艺术形象，关键在于从社会生活中凝练典型艺术形象固有特性和内在的精神本质，再以一定的艺术手法表现出来。徐悲鸿的《骏马图》，可谓是淋漓潇洒，遒劲有力，逼真传神，堪称一绝，令人印象深刻、精神振奋。之所以如此，就在于他没有一般地去描摹马的外形，单单追求一种“形似”，而是凝练骏马的最能使人感发体悟的独特的内在精神特质，在“神似”上下足功夫，抓住最能揭示骏马特征的地方来表现骏马的本质，突出画马的肌肉和骨骼，凸显骏马的风骨和精神，最终形神毕肖，产生极大的艺术感染力。艺术形象能否立得住，关键在思想。一定的艺术形象反映社会生活的本质愈透彻、反映时代的特征愈鲜明，体现的思想愈深刻，就愈能立得起来，产生重要德育价值。其实，不仅艺术形象，其他形象要立得住，也要具有深刻的思想内涵。一定的形象要叫得响，也是由一定的精神所决定的。所谓叫得响，就是一定的形象确立起来之后，经得起考验，令众人信服，成为具有重要影响的形象品牌，产生重大的德育价值。拿社会生活中的先进人物来说，时势造英雄，每一时代都会产生不同的典型人物，每一个典型都是时代发展的产物。这些典型人物之所以能产生巨大反响，就在于他们是反映时代本质特征，体现社会本质要求，顺应社会发展趋势，体现时代精神的典型人物。20世纪60年代，我国处在经济发展面临重重困难和西方实施封锁制裁的时期，石油发展成为制约我国经济发展的重要瓶颈，在一穷二白的情况下，需要发扬艰苦创业的精神，自主开发石油资源，发展我国石油工业。这个时代，涌现出了“宁可少活二十年，拼命也要拿下大油田”的先进模范铁人王进喜。铁人王进喜之所以令人感动、影响巨大，不仅在于这位新中国工人阶级代表的事迹感人，关键在于王进喜身上体现出的一种当家做主、无私奉献、艰苦奋斗、顽强拼搏、催人奋进的精神。一定的形象要传得开，更是由形象内在的精神所决定的。一些文学经典之所以经久不衰，成为传世之作，就在于其塑造的艺术形象表达的一种精神具有跨越时空的价值和魅力。一些历史上的典型人物尽管已经离开我们几十年、几百年甚至上千年，但他们仍然活在我们心中，就是因为他们的精神感动了一代又一代人。岳飞精忠报国的爱国情怀，范仲淹心忧天下的社会责任感，焦裕禄心系群众的高尚精神，是不同时代的典型人物留给我们的宝贵的精神财富。因此，在形象德育的过程中，不仅要注重对典型形象的形加以描述、表达和传播，注重“述形”，更要注重对典型形象的神加以发掘、凝练和阐发，注重“传神”，使典型形象的精神得到广泛的传播、深度的认同和自觉的践行。

另一方面，形彰显神。形是神的表现形式，形要服从服务于神。在形象德育中，神离不开形，缺少了形，神就丧失了载体和依托，成为一种不可捉摸的、无影无踪、难以感知的抽象存在物。形是显于外，看得见，摸得着，感知得到的，神是潜于内，看不见，摸不着，不能直接感知的。只有借助有形的形象，才能把无形的思想生动具体地表现出来。《春秋・老子》曰："形具而神生。"只有具备一定的形象，精神才能生动地表现出来。范缜认为，"形存则神存，形谢则神灭"。离开了一定的具体形象，这种形象所体现的精神也就无所依存了。普列汉诺夫指出："艺术既表现人们的感情，也表现人们的思想，但是并非抽象地表现，而是用生动的形象来表现。这就是艺术的主要特征。"[①] 别林斯基也认为，"诗也在判断和思考，因为诗的内容和思维的内容同样是真理；但是诗以形象和图画、而不是以三段论法和双关论法来判断和思考的。任何情感、任何思想必须形象地表现出来，然后才是诗的情感或思想。……诗的本质就在于给不具形的思想以生动的、感性的、美丽的形象。这样看来，思想只是海的泡沫，而诗的形象则是从海的泡沫诞生出来的爱与美底女神。谁要是生而没有创造的幻想，不能把思想化为形象，不能以形象思考、判断和感觉的话，那末，无论他有怎样的智慧、情感和信仰的力量，无论他所生活于其中的历史和时代的心智内容怎样丰富，这一点都帮助不了他成为诗人"[②]。形象德育，只有依托生动具体的形象，才能有效进行思想道德教育。在形象德育中，形象是一定的形式，精神是一定的内容，形象始终是为传播、弘扬一定的精神服务的。黑格尔深刻指出：一则，"要经过艺术表现的

---

① ［俄］普列汉诺夫：《没有地址的信》，曹葆华译，人民文学出版社 1962 年版，第 4 页。

② ［俄］别列金娜：《别林斯基论文学》，梁真译，新文艺出版社 1958 年版，第 10—11 页。

内容必须在本质上适宜于这种表现"[①]。二则，"艺术的内容本身不应该是抽象的"[②]。再则，"一种真实的也就是具体的内容既然应该有符合它的一种感性形式和形象，这种感性形式就必须同时是个别的，本身完全具体的，单一完整的"[③]。黑格尔这里论及了艺术领域形表现神、形式表现和服务内容的具体要求。这种要求，对于我们理解形象德育过程中形彰显神、服务神，形象表现、彰显和弘扬一定的精神，具有重要的启示作用。

在形象德育中，形彰显神，主要体现在以下几个方面：一是一定的形式服务一定的内容。要根据所要表达的思想内容来选择一定的表现形式，塑造具有典型性和代表性的形象。这种典型形象，深刻反映了一定社会生活本质和时代发展的要求。只有经过典型化的方法深刻总结和反映一定社会和时代的精神，这种典型形象才能成为形象德育的有效载体。无论艺术形象德育、生活形象德育还是其他形象德育都是这样。在艺术形象德育中，如果创作的艺术作品不能成功塑造典型形象，反映时代精神，这种艺术作品就是没有思想，没有灵魂的作品，而没有思想和灵魂的艺术作品就是一堆文化垃圾，不仅没有德育价值，甚至可能污染人们的心灵。而生活形象德育中，我们树立宣传的社会生活中的先进典型，如果只是一味专注于描写外表细节和毫无意义的逸闻趣事，而不着力发掘、凝练和传播其精神，这样的典型宣传同样是没有价值的。二是一定的思想内容要通过一定的具体形象表现出来。无形的抽象的思想只有通过有形的、生动的、具体的形象表现出来，才能更好地被人们感知、认识、理解和掌握。一个真

① 马奇：《西方美学史资料选编》下卷，上海人民出版社 1987 年版，第 315 页。

② 同上书，第 316 页。

③ 同上。

实、具体、生动的形象产生的思想启迪有时比起抽象的理论不知要高出多少倍！追求真善美，摈弃假恶丑，是人类永恒的价值追求。如何甄别真善美和假恶丑，如何追求真善美，摈弃假恶丑，无论讲多少大道理，都很难使人们留下深刻的印象。而《巴黎圣母院》塑造的神父和丑陋的敲钟人扎西摩多两个典型形象，前者道貌岸然而内心邪恶，后者外貌丑陋而内心善良，关键时刻，扎西摩多通过对吉卜赛少女的营救和对曾经收养自己的神父的伪善行径的反抗和揭露，撕下了罩在神父身上的虚伪的道德面纱，展现了扎西摩多丑陋面孔后面的美好心灵，美与丑，善与恶，真与假，顿时发生了逆转，使人们通过神父和扎西摩多两个典型形象及其尖锐的矛盾冲突，受到巨大的心灵震撼和深刻的思想启迪。三是一定的具体形象要有鲜明的个性特征。形彰显神，要求形象必须具有个别性，具有鲜明的个性特征。鲜明的个性特征，恰好是表现典型形象深刻思想内涵的外在表现形式。它是典型的，又是个别的，典型性中具有个别性，个别性体现了典型性，最能代表典型形象的特征，也最能给人留下深刻的印象。因此，在形象德育中，要善于发现、发掘和描述最能代表形象个性特征的细节、情节、动作、行为、语言等。《谁是最可爱的人》这篇报告文学，在描写抗美援朝战争中志愿军战士英勇奋战、保家卫国的爱国主义精神和革命英雄主义时，选取了几场最典型的战斗场面和震撼人心的细节，不仅描写了战士如何浴血奋战，而且描述了他们战斗中的思想与情感，反映了他们淳朴善良的品质，坚硬刚强的意志，保家卫国的情怀，一群具有爱国主义和革命英雄主义精神的志愿军战士的形象跃然纸上，生动形象地回答了"谁是最可爱的人"这个问题，给人们留下了深深的震撼、感动和沉思。因此，只有以恰当的表现形式来彰显神，才能更好地服务神，使形象承载的精神得到更好的践行和弘扬。

形神统一规律在当今形象德育中的有效运用。

当前，自觉遵循和运用形神统一规律开展形象德育活动，要正确认识和处理形与神的相互关系，从着力塑造形神高度统一的生动形象，在形象欣赏中深刻把握形象的思想性，注重深邃思想内容的形象化表达等方面加以推进。

形象德育要着力塑造形神高度统一的生动形象。

形象德育要寓神于形，以形显神，就要着力塑造具有深刻思想内涵和生动表现形式的典型形象。这种生动典型的形象体现的思想内容和价值观念等精神性的东西，是形象之“神”，它是形象的意蕴和内在生命，正是这种精神性的东西发挥着教育人民、价值引领、推动发展的作用，这也是形象产生德育价值的关键。而形象赖以存在和传播的外在形式和生动载体，是形象的“形”，它是形象的外在形式和魅力源泉，外在的形与内在的神结合得愈加紧密、完美，塑造的形象就愈丰满，也就愈能成为育德的形象。

塑造形神高度统一的生动形象，要求在进行形象塑造活动时，不能仅仅停留在得其“形”，刻意对“形”的相似性进行攫取，而必须要向深处拓展，追求得其“神”。形象塑造者要扎根社会生活，走进人民群众，深刻思考把握当代社会发展的时代特征，深入分析时代精神、核心价值与具体形象之间的连接点和契合度，运用典型化的创作方式，舍弃与思想主题和中心主题无关的事件、细节、特征，避免面面俱到、流于细琐，通过高度集中、概括、提炼、总结形象的本质特征和精髓要义，把深邃的思想挖掘出来，把最鲜明的个性集中起来，塑造出生动感人、引人入胜的形象，产生令人难忘、感奋人心、提升情趣、陶冶情操的作用。同时，塑造形神高度统一的生动形象，还要做到个性鲜明，以形传神。形象塑造固然要重神，但还要传神，传神必以形。生动形象的塑造，须避免陷入概念化、形式化、符号化的窠臼，绝不能变成抽象思想、价值意蕴的简单图解和标签，而要在深入生活、体验生活的基础上，进行艰苦深入的形象塑造工作，通过大量生动感人的典型的事件、情节、细节、特征来展现内在的矛盾冲突，塑造栩栩如生的典型形象，使典型形象内在的思想意蕴和外在的生动形式有机统一起来，从而不断增强生动形象育德的吸引力、感染力和说服力。

形象德育要在形象欣赏中深刻把握形象的思想性。

运用形神统一规律开展形象德育，还要注重在形象欣赏中深刻把握形象的思想性，理解和领悟生动形象蕴含的深刻的思想价值和社会本质。形象是形象塑造者按照一定的理想，把思想、感情、理想熔铸到形象中，依照对社会生活的认识、体验而凝练、塑造出来的具体可感又带有强烈主体意识的对象。形象赏析活动作为形象德育的基本活动和方式，就要组织引导人们深入地分析“具体形象”与“思想价值”的内在契合度，分析考量受教育者基于自身的能力、经验、背景、文化、个性等主观因素对这一“具体形象”可能产生的联想和想象的文化动因、情感态度、思想倾向等，有针对性地选择和运用生动具体的形象来做好吸引、感化、启发受教育者的形象育德活动。

形象欣赏活动，要注重引导受教育者从展现形象的鲜活的场景、复杂的冲突、个性的语言、生动的细节中，设身处地地感知、感受、感悟具体形象所体现和蕴含的精神、思想和事迹，将自身的体验、认知、情绪，投射在作为欣赏对象的具体形象上，产生强烈的主观体验和情感共鸣，获得心灵上的洗礼、情操上的陶冶、思想上的升华，不断提升自身的思想道德境界。如巴金的《家》，深刻揭示了中国社会的历史发展规律，作品中塑造的“觉新”这一经典人物形象，反映特定时代青年的苦闷、矛盾、冲突和欲望，引起了人们尤其是青年人强烈的关注和情感共鸣，激励和鼓舞一批又一批的青年人摆脱封建礼教的重重束缚，投身伟大的革命事业并为之奋斗终身。在对《家》这部作品进行鉴赏活动时，就要结合觉新生活的历史时代、遭遇的矛盾冲突和悲惨生活的经历，进行分析、阐述和启发，这样才能理解典型人物的内心思想冲突和理想和价值追求，从而对欣赏者产生积极的思想道德教育作用。因此，任何形象德育活动，在引导人们欣赏一定的形象时，都要注重把一定的形象放在一定的社会环境中理解，结合一定的形象所生活的时代环境、成长经历和内心冲突进行分析，并同欣赏者的生存境遇、生活经历和情绪体验结合起来，把自己摆进去，融入自己的认知和情感，深刻感受一定形象的复杂的内心活动和精神世界，才能产生强烈的思想互动和情感共鸣，并从中受到深刻的感染、教育和启迪。

形象德育要注重深邃思想内容的形象化表达。

运用形神统一规律开展形象德育，还要在深邃思想内容的形象化表达上下功夫，着力探索和运用视觉图像、文学艺术、典型人物、社会仪式、动漫动画等多种载体生动形象地表达、阐释、呈现、传播深邃的思想观念，促进生动形象承载的思想观念具体化、日常化、生活化，使一定形象蕴含的深邃思想内容为更多的人所认知和了解。

形象德育要注重思想内容的形象化表达，一是要大力塑造和弘扬先进典型以传播社会理想道德人格。在形象德育活动中，要高度重视先进典型的示范引导作用，精心发现、塑造和传播、弘扬体现社会理想人格和道德规范要求的先进典型，尤其是要发现、凝练、传播和弘扬社会生活各行各业中涌现出的英雄人物、模范人物、生产标兵的英雄事迹、心路历程、情感冲突、价值追求，把握先进典型形象得以展现的事实、冲突、情感，使先进典型的高尚精神体现在生动感人的具体事迹之中，让人们感到可亲、可信、可感、可学，进而在潜移默化中受到教育和启迪。二是要合理运用视觉图像传播生动的德育形象。当前，我们生活在一个视觉文化时代，越来越依赖于丰富的视觉图像来反映和再现生动典型的形象。各种政论片、公益广告、动漫、网游等视觉图像，是塑造、传播、再现一定典型形象的重要载体。当代人尤其是年青一代，基本是在视觉文化熏陶和影响下成长起的一代，对于视觉媒介的依赖性越来越高，他们对琳琅满目的视觉形象具有天然的审美偏好和敏感，视觉文化甚至成为他们一种必不可少的生活方式，对我国社会青少年思想和行为产生着广泛而深刻的影响。在这种情况下，利用视觉文化这一广泛传播的载体来塑造和传播一定典型形象，使一定典型形象视觉化、生动化、可感化，有助于增强形象德育的时代感和生命力。三是充分利用文学艺术传播时代的先进思想。先进的文艺作品，以典型化的创作方式创作出的集深刻的思想深度、丰富的时代内涵和高超的艺术手法于一体的形象，既生动，又深刻，是形象德育的重要载体和绝佳教材。当前，我们要积极创作和传播优秀文艺作品和艺术形象，不断增强文学艺术形象的辐射力、影响力和感召力，加深人们尤其是青少年对文学艺术形象及其蕴含的先进价值观念的理解和认同。

下篇

实 践 篇

第七章

德育情境模拟实验的可行性分析

在现代技术条件下开展德育课实验教学，需要从不同学科角度论证分析其实验基础、可能路径，论证实验本身的科学性，为实施实验课教学开展可行性分析，从而为实验课教学的实施提供有力技术支撑、路径支撑。

第一节　不同学科的实验性基础

不同学科运用实验方法的时间、范围、程度等之所以不同，主要源于不同学科的实验特点亦即实验性的不同。实验性既与学科对象以及学科的方法论特征直接相关，又与具体的实验技术密切相关。在不同的实验技术条件下，自然科学、社会科学、人文学科体现出不同的实验特点。

一　自然科学的实验性基础

最早的实验完全是一种自然科学实验。科学家们有目的、有意识地选取自然中的典型过程，并通过仪器、设备等媒介对这些过程加以控制或改变，以进行观察分析，从而把握事物发展和运动的规律。在科学史上，通常认为真正科学意义上的实验是由文艺复兴时期以伽利略为代表的近代科学家们推动形成的。我国出版的《辞海》对实验科学有一段代表性的解释："实验科学亦称'经验科学'，同理论科学相对。一般指 19 世纪以前的经典自然科学，或以实验方法为基础的科学。哈维的血液循环学说，伽利略的动力学，牛顿的经典力学，以及后来的热力学、电学、化学、地质学等等，都是实验科学典范。20 世纪以来，由于现代科学的高度综合性质，数学和理论思维在科学中起的作用越来越大，故一般只把一些实验性较强的科学称为实验科学。"① 即在科学史上，乃至今天，人们通常所说的科学实验主要是指自然科学实验，这主要取决于自然科学"较强的实验性"。

在自然科学领域，科学家可以最大限度地摆脱各种外在的影响，科学家的个性、爱好、性格、宗教信仰或政治倾向等因素并不会影响到他所研究的物质对象。一种物理结构与化学现象，并不因为观察研究者的不同而不同。自然界本已存在的各种规律，是独立于人的主体意识而存在，同时也是人可以逐渐认识发现的。尽管这种认识与发现的正确程度是一个不断提高的过程，是一个越来越接近真理的过程，但这主要受制于人们的认识水平和认识方法，而与其他主观因素关系不大。所以，如果说，自然界的本然对于人类有什么不同的话，比如说自然物质世界在古典物理学与现代物理学之间表现出来的某种不同，那也只是因为观察者对物理世界观察的深度、所采用的观察工具或观察方式不同所

① 《辞海》（缩印本），上海辞书出版社 1999 年版，第 1230 页。

造成的。研究者只要遵循正确的研究过程或研究程序，都是可以达到共同的认识结论和认识结果的，且应该是具有普遍性、共同性特征的。这样就使得在自然科学领域，可以形成一些具有一般性、普遍性的科学原理与科学结论，形成具有普遍适用性的科学认识论与方法论。

自然物质世界所具有的这种内在规定性、客观性、确定性和可重复性，为自然科学实验提供了客观前提，而这一点恰恰是人本身和由人组成的社会所难以比拟的，因而也是实验方法在社会科学和人文学科中迟至的主要原因。

二　社会科学的实验性基础

大约从 19 世纪下半叶起，自然科学中的生物学、物理学和化学等所采用的包括实验在内的科学方法逐渐被社会科学广泛采用，并以法国哲学家孔德和社会学家涂尔干等人为代表，发展了一套被称为"实证主义"的社会科学研究方法。实证主义研究者具体提出了一套"假设—演绎"（hypothetic-deductive，HD）的所谓"HD 科学方法模式"，其中检验的典型做法就是借助于"实验"，并越来越广泛地运用于社会科学领域。社会科学和人文学科都是研究"人的世界"，实验方法何以首先较普遍地运用于社会科学?

宏观地看，社会科学所研究的社会规律当然是人的规律，但却不是个人的规律，而是构成社会的无数个人和各种团体、集团、阶层、阶级、机构等社会因素合力作用下的规律。社会体系与结构的运行发展，它的经济、政治、法律关系的存在与变迁，公共制度与公共政策的选择与调整，都是各种社会力量相互作用的结果，有其内在规范、过程与法则。因而社会运行与发展过程中存在着类似于自然物质世界那样的独立于个人主观意愿的客观性规律，这种规律是可以通过实证的方法包括实验的方法加以认识和把握的。

微观地看，社会科学实验所表现的人和人的行为，并不是从人的主观意愿、个性特征、情感世界等个体性因素出发的，而是从社会关系和公共政策选择的角度，从社会的结构、体制、功能、作用的角度出发的。从这种角度出发，个人不过是社会的一个“角色”，一个群体中的“成员”，一个社会有机体中的“分子”。因而在社会科学实验中，人和人的行为可以表现为政治学的“一张选票”，或经济学的一种“资源”，或社会学的自杀行为统计数据，或管理学的“管理对象”。总之，人和人的行为是一种政治学、经济学、社会学、管理学等具体社会科学意义上的一种“符号”存在或“信息”显示，这种去个性化的实验对象既提供了实验的客观依据，也提供了实验技术的实现可能。

正因如此，在目前的社会科学实验中，除了少数学科专业（如社会学、社会心理学、法学等）采用实地实验（包括现场实验和自然实验）之外，在现代实验技术条件下，更多的社会科学实验则借助人和人的行为的“符号”存在或“信息”显示，主要通过计算机技术采用实验室实验，并突出集中在金融、财会、工商和行政管理等学科专业领域。其主要包括两类：一类是应用技术实验，即通过实验，使实验者了解、熟悉、掌握各类专业的计算机应用技术。如目前经济学常用的金蝶财务系统、税收管理信息系统、股票实时行情信息系统、企业财务分析系统、投资项目分析系统等，行政管理学常用的办公应用软件、文书档案管理系统、电子政务系统、国际较通用的统计学软件包 SAS 和 SPSS、远程会议系统、电子采购与招标系统等。另一类是情境模拟实验，即通过计算机技术，以数据、图表、图形、模型等形式来模拟各种现实情境，使实验者置身于这种虚拟的数字信息之中，并改变其中的若干因子，来观测或测量其他因子的变化，从而达到对某种社会现象的规律性认识。如财会专业对某个模拟单位特定月份完整的会计资料——包括企业基本情况、产品生产工艺流程、成本计算方法、各账户的月初余额、各业务的原始凭证、财务分析指标、相关财务制度等——的分析，金融专业对证券、银行、保险、外汇、期货和期权等方面的模拟和分析，工商管理专业对物流、人流、资金流、信息流等基本运作流程的模拟和管理效益分析等。其中，诸如国际贸易模拟实习平台、市场营销决策实战模拟实验、SIM-EC 电子商务模拟实验、经济计量学投资预测模拟实验、股票实时交易模拟实验、ERP（企业资源规划）模拟实验①、物流管理模拟实验、集装箱运输代理业务模拟实验②、人力资源管理沙盘模拟实验等，都是近年来在高校较为普遍的模拟实验。

三　人文学科的实验性基础

人文学科包括了诸多与自然科学和社会科学相同的知识性问题或事实判断问题。比如关于文学史、哲学史中的许多知识性内容，关于人物、事件、时间、地点等基本的历史事实，关于道德行为的经验性判断，关于艺术特点的描述性分析等。因此，人文学科与自然科学和社会科学在认识论和方法论方面有许多相通之

① 梁冀：《加强工商管理模拟实验室的建设的思考》，《实验科学与技术》2010 年第 3 期。

② 孙巍等：《集装箱运输代理业务计算机模拟情景实验》，《大连海事学院学报》2007 年第 1 期。

处。在自然科学和社会科学领域广泛运用的一些方法与手段，如借助于逻辑理性思维和数学手段，运用归纳、演绎、比较、分析、综合、类比等方法，或是借助于实证性的研究手段，运用调查、统计、观察、观测、检验等方法，也是人文学科经常使用的。特别是20世纪以来，在人文学科领域，许多来自自然科学和社会科学领域的研究方法、认识工具、认识手段甚至概念术语，诸如结构、程序、编码、概率、反馈等，都出现在文学、艺术学、历史学、哲学、美学的研究过程中，出现了计量史学、计量文艺学、结构主义美学、系统哲学等具有自然科学特色的人文学科的分支学科，并在人文学科领域出现了种种所谓“科学主义”的研究方法。正是在这种背景下，实验的方法开始被引入到人文学科，并被主要运用于人文学科一些技术操作性领域和某些知识性整理、考订工作。

在现代实验技术条件下，目前的人文学科实验与社会科学实验类似，更多的也是通过计算机技术采用实验室实验，并突出集中在语言、文学、艺术、新闻、传播等学科专业领域，其中，应用技术类实验占主要部分。如多媒体写作工具、应用语音实验、计算机图文处理高级应用、文献检索与利用、internet 应用技术、图形标志设计、电视摄像、数码编辑①、新闻摄影、广播电视节目制作、电脑报纸编排②等。比较而言，目前人文学科的情境模拟实验相对较少，而且主要限于对一些技术手段或技术环境的模拟实验。如在“网络新闻实务课程实验”中，通过实验设计者搭建的网络模拟平台，让实验者在实验室进行网络新闻的采、写、

① 涂俊等：《构建文学学科的实验体系》，《实验室研究与探索》2009 年第 4 期。

② 谢鼎新等：《新闻传播（文科）实验特点与价值的思考》，《浙江传媒学院学报》2004 年第 3 期。

编、评等实践操作。其中，模拟平台主要由计算机网络系统和网站内容管理发布系统（Content Managament System，CMS）构成，CMS 系统具有内容采编管理、内容发布管理、网络结构管理、网页模板管理、系统用户管理、角色管理等功能。模拟平台的仿真性特点，可以较真实地再现新闻网站的具体业务运作环境，使实验者能够更好地熟悉业务环境，更有效地掌握相关的方法和技巧。①

客观地说，上述实验并未触及人文学科的实质内容，即使是在知识性问题或事实判断的领域里，实验在人文学科的适用范围和适用程度也受到很大限制。我们知道，人文学科的一个显著特点，就是它不仅是一个知识体系，更是一个价值体系，是一个关于人类的信仰、信念、道德、宗教、文化、善恶、美丑等方面的意义体系。某种程度上可以说，自然科学和社会科学主要是回答“是什么”的必然性问题，而人文学科则更多的是回答“应该是什么”的应然性问题。这使得人文学科不能以事实判断、经验陈述以及技能训练来代替应然性问题，它一定要有主体性的价值判断和价值说明，这是人文学科的实质内容，而这恰恰是上述实验所缺少的。这同时也意味着，信念、情感、善恶、美丑等主观判断和应然性问题很难用某种较抽象的“符号”或“信息”来显示，这也是目前人文学科与社会科学相比较，其实验性相对薄弱的原因所在。

在一定的实验技术条件下，自然科学、社会科学和人文学科的实验性不同，直接制约了不同学科的实验方法运用，德育情境模拟实验就是伴随着计算机和多媒体技术的成熟和发展而开拓的

---

①　杨嫚等：《建构主义视野下的大学文科实验实践》，《现代教育技术》2008 年第 9 期。

全新的人文和社会科学实验领域。若干年的探索表明，其理论基础是合理的，应用技术是可靠的，运作方式是成熟的，教学效果是明显的。“实践—理论”的互动是人们提高认识能力和实践能力的基本模式。

第二节　德育情境模拟实验的技术路径

人文学科的核心是对“人本身”诸如精神世界、终极价值等“形而上”问题的研究，因此，实质性人文学科实验的实现取决于鲜活的“人”的“出场”以及相伴随的“情境”的表现。以计算机为基础的现代多媒体技术提供了这种实验的技术可能，当今相当普遍的电子游戏则提供了成熟的示范先例。

一　“人”的“出场”与情境模拟

在此，我们可以把人文学科的内容大致分为辅助性“工具”类、基础性“知识”类和实质性“价值”类三种。目前人文学科实验主要是以辅助性“工具”类即应用技术类实验为主，而实质性“价值”类实验几乎没有，至于基础性“知识”类实验则与社会科学的模拟实验类似，主要是针对少量能够作为“符号”存在或“信息”显示的个别人文现象进行模拟实验。人文学科在实验科学的这种“边缘”状态，首先与人文学科对象的基本特点直接相关。如上所述，人文学科的核心是“人”和人的精神世界、意义世界。这里的“人”既不是自然科学中可以被解剖的具体的生物“人”，也不是社会科学中可以被“符号”化的抽象的社会“人”，而是活生生的、有血有肉的、有个性的、有情感的现实“人”，这种现实“人”构成了人文学科的主要实验对象。

当然，自然科学、社会科学也离不开人，也与人密切相关，但其出发点和实验呈现方式是完全不同的。自然科学是对“人所生存的自然环境或自然条件”的研究，因而实验可以直接通过自然物质方式来呈现；社会科学是对“人所组成的社会关系或社会环境”的研究，因而实验可以通过某种“符号”或“信息”来呈现；而人文学科则是直接对“人本身”、对“人的存在、精神、价值、意义、情感等”这样一些“形而上”或“终极性”问题的研究，因而实验只能通过“人本身”才能真正或者较完全地呈现。缺少了富有个性的、鲜活的“人”的“出场”以及相伴随的“情境”的表现，作为经验的、具象的人文学科实验必然会受到极大限制。这也意味着，要有效拓展人文学科实验其可能的技术路径之所在。对此，可以分别通过人文学科两个不同类别典型案例的分析，来得到某种描述性说明。

基础性“知识”类人文学科内容的典型案例是“影响利他行为的主要因素”，这是伦理学和社会心理学的一个典型案例。以往，此案例可以通过现场实验的方法运用于教学或科研。实验基本设计为：安排若干实验者分别在不同路段骑行自行车，在某一时刻实验者突然跌倒在路边，然后观察被救助的情况。在实验中，自变量可以是骑车者的性别、年龄、身份、相貌、穿着以及天气状况、是否众人在场、社会风尚（选择不同地区进行比较实验）等，自变量可以根据实验的假设或需要不同进行控制；因变量可以是救助者的人数、性别、年龄、身份、品性、心情等。这是一个比较典型的有关社会道德和社会心理方面的知识性问题或事实判断的实验，而且实验的有效性较高。但由于这类现场实验的组织成本较高（很难组织较大规模的实验者参与），操控有一定难度（如遇众人救助或围观造成交通堵塞），以及可能的道德风险（“假摔”对他人同情心和救助行为的“欺骗”），因而很难经常或广泛地进行。对此，在现代实验技术条件下，可以通过计算机模拟实验来替代。实验大致设计为：在模拟的生活场景中，实验者是其中的某个角色，在某个特定环境中（如人来车往，或四下无人，或人车稀少，或荒郊野外等）和特定天气下（如风和日丽，或多云阴天，或狂风暴雨等），某特定人物（如性别、年龄、身份、相貌、穿着等不同）骑自行车突然摔倒在路旁，然后由实验者根据不同的情境做出是否救助的选择。在实验中，实验环境、天气、对象特点等是自变量，自变量可以根据实验的假设或需要不同进行事先设计和控制；因变量是实验者的救助行为。尝试表明，此模拟实验虽然不能完全替代但却可以接近现场实验的效果，而且由于避免了现场实验的某些不足，因而具有广泛的适用性。

二　多媒体技术及提供的实验可行性

实验离不开技术。按照人们广泛接受和认可的法国启蒙思想家狄德罗在《百科全书》中对技术的定义，所谓技术就是“为了达到某一目的所采用的工具和规则的体系”。实验既需要科学的理论和思维作指导，又需要一系列有形、无形的技术作为支撑和保障。一定程度上可以说，被应用于实验科学和教学的实验技术的水平，决定了实验的范围、深度和水平。如果说在传统实验技术条件下，实验还主要局限于自然科学领域，那么在计算机技术条件下，实验迅速扩展到社会科学领域，而此时的人文学科实验还处于一种“萌芽”或“探索”阶段。但随着多媒体技术的不断发展，随着实验中“人”的“出场”和相应的情境模拟的实现，实质性的、更广泛的人文学科实验越来越成为可能。

所谓多媒体技术（Multimedia Technology），就是利用计算机对文本、图形、图像、声音、动画、视频等多种信息综合处理，建立逻辑关系和人机交互作用的技术。真正的多媒体技术所涉及的对象是计算机技术的产物，而其他单纯的媒体，如电影、电视、音响等，均不属于多媒体技术的范畴。即多媒体技术是利用计算机把文字、图形、影像、动画、声音及视频等媒体信息都数字化，并将其整合在一定的交互式界面上，使计算机具有综合处理和交互展示不同媒体形态的能力。从 1984 年苹果公司推出第一台多媒体计算机至今，多媒体技术发展已有多年的历史了，它极大地改变了人们获取信息的传统方法，使计算机可以处理人类生活中最直接、最普遍的信息，从而使计算机的应用领域及功能得到了极大的扩展，并使非专业人员可以方便地使用和操作计算机。论及此，顺便提及一位与此直接相关的、值得纪念的特殊人物——不久前去世的被誉为“深刻影响和改变了当今世界的、全球科技和创新的教父级灵魂人物”、苹果公司创始人、前首席执行官史蒂夫·乔布斯，他不仅领导推出了第一台多媒体计算机，而且作为皮克斯动画工作室的资助者和首席执行官，使电脑制作的动画影片成为流行。

如上所述，要有效拓展人文学科实验，必须要有鲜活的“人”的“出场”和相伴随的“情境”表现。这在以往的计算机技术条件下很难做到，这时的计算机技术主要是对文本、数字、图形等相对单一信息的处理，还很难做到“形声兼备”，但在多媒体技术条件下则完全可以实现。多媒体技术有两个显著特点：一是广泛的综合性，它将计算机、声像、通信技术等合为一体，是计算机、电视机、录像机、录音机、音响、游戏机、传真机性能的大综合；二是充分的互动性，它可以形成人与机器，或人与人通过机器的互动，而且互动的方式也可以是多样的。这两个特点恰好满足了人文学科模拟实验的基本要求。一方面，对于“人”的“出场”和相应的情境模拟要求，以往只能在影视片中实现，但这完全是单向的，无法进行互动，而且制作成本较高。现在通过多媒体技术，可以较好地弥补这些不足。其基本实现方式是通过具体的编程语言，将所需要的人物、物品、场景、图形、图像、视频等元素按照要求进行设计、组合和呈现，多媒体所具有的综合性特点，可以较方便地创设出二维或三维动画形式的具有模拟或仿真等不同效果的“人”和相应的情境。另一方面，对于实验的互动操作要求，在以往人文学科的所谓多媒体教学中，其实主要是利用计算机多媒体的视频播放功能进行单向观摩，实际是对多媒体技术的简单运用。操作性是所有实验的基本要求，实验的本质在于操作，如果没有或者缺少了实验者的动手操作，就难以称其为实验。经过多媒体编程处理的实验软件，在同时呈现视频、动画、图形、图像等多种信息的基础上，可以很方便地进行人—机或人—人互动，从而在很大程度上实现了实验的操作性要求。

三　多媒体互动模拟技术的现实应用——电子游戏

人文学科模拟实验对多媒体技术的运用方式和使用效果，一定程度上已有了成熟的示范先例，这就是当今相当普遍的电子游戏。电子游戏又称电玩游戏，是指人们通过电子设备，如电脑、游戏机等，进行游戏的一种娱乐方式。始于 20 世纪 60 年代的电子游戏，现在已经成为人们生活中常用的一种娱乐方式。在对多媒体技术的运用上，电子游戏具有一些突出特点：

一是过程的交互性，即玩家必须和游戏世界中所提供的虚拟对象或其他玩家进行交互，并有所反应。比如，1991 年由 Microprose 推出的电子游戏《文明》，采用了让玩家控制人类历史的大胆设想，并成功地将这种设想转化为通过交互来完成的令人好奇和有趣的任务，玩家可以生产单位，可以研究科技，可以探索一个随机产生的地图，可以建造建筑，可以面对许多敌对国家，等等。该游戏拥有策略游戏交互的 4X 要素——探索、消灭、开发、扩张，为后来的回合制策略游戏树立了典范。

二是情境的仿真性，即电子游戏的具体情境都是对现实的一种模仿，模仿的真实性是其区别于传统游戏的重要标志之一。比如，1993 年推出的电子游戏《神秘岛》，当“神秘岛”出现在玩家面前时，它的场景效果立即给人们留下深刻的印象：流动的水透明似水晶，树木像活的一样，室内有丰富的装饰，所有物体看上去都相当真实。媒体和玩家纷纷用“山崩地裂”“令人晕倒”等溢美之词称赞《神秘岛》的视觉效果，其在情境的仿真性方面取得显著成就，使玩家确信自己正处于真实的“神秘岛”世界之中。

三是行为的规则性，即玩家按照什么方式方法进行行为，做出行为之后有什么回应，在电子游戏中都有具体规定，所有玩家都必须严格遵守，否则，就失去了游戏的公平性。为此，在电子游戏中一般也有一个“裁判”，这通常是由电脑自动担任的，它与真实世界的裁判相比，也许更为“严格”和“准确”，由它来对行为是否遵守规则进行“奖惩”。

四是内容的丰富性，即电子游戏是对现实生活的模拟，现实生活是丰富的，因而电子游戏的内容也是丰富的。据此人们对电子游戏进行了分类，到目前为止，电子游戏按照内容不同大致分为以下大类：角色扮演类（RPG）、策略类（SLG）、即时战略游戏（RTS）、模拟游戏（SL）、育成游戏（TCG）、动作过关类（ACT）、射击类（STG）、冒险类（AVG）、格斗类（FTG）、赛车类（RAC）、体育类（SPG）、桌面类（TAB）、益智类（PUZ）。其中每一大类还可以继续细分，某些游戏还具有综合特色。

五是时空的虚拟性，即在参与电子游戏的过程中，游戏所创建的故事场景或故事情节使玩家脑海中映射的时空概念与游戏故事内容相一致，而与现实的时空概念并不吻合。这种虚拟时空就是通常人们所说的身临其境的“境”，玩家将自己的身心不知不觉地“置入”到游戏故事所描述的情境中去，并产生一种“置入感”即身临其境的感觉，由此大大增加了对游戏的情感体验与心灵感悟，这也是许多玩家痴迷于电子游戏的重要原因之一。

可以说，上述特点与人文学科模拟实验对多媒体技术所期望达到的基本要求是完全吻合的，不仅在表现方式和表现效果方面非常吻合，甚至在具体内容方面也非常相似（如角色扮演类和策略类游戏）。因为许多人文学科模拟实验对于被试者就像一场游戏，被试者往往是在扮演某种角色，虽然实际上他们既不会得到什么，也不会失去什么，但在模拟实验特定的情境中，被试者就像我们平时玩扑克牌一样认真计较输赢，事实说明，越是如此，就越可能现实地去行动，也就越具有实验意义。就此而言，这种模拟实验与许多电子游戏并没有严格的区分。从电子游戏角度看，具有典型性和代表性的电子游戏已经远非传统游戏那样是一种单纯的娱乐，其中渗透着显见的人文特质。在游戏的构思和设计中，一般包括了人类认知、文化理念、表现载体、虚拟空间、交互界面五个层次的五大要素，其中核心层次和核心要素是人类认知和文化理念。所谓人类认知就是人类对客观世界的一种全面认识，包括自然科学、社会科学等内容，它构成整个游戏的知识基础和认识前提，无此就谈不上其他层次的问题。所谓文化理念就是一种人文特征，它规定了整个游戏的价值取向，既包括群体的态度倾向和行为方式，也包括个体的个性特征。就此而言，电子游戏与人文学科模拟实验是异曲同工的。也正因为此，许多人认为电子游戏已经不单单是一种娱乐，而已经成为一种文化现象，其属于艺术的范畴，并称其为“第九艺术”。

尽管如此，人文学科模拟实验与电子游戏毕竟不同，其中很重要的一点在于二者的出发点和落脚点不同，人文学科模拟实验着重于教学和科研，电子游戏着重于娱乐。但二者诸多相同或相似的方面使人文学科模拟实验在表现手段、技术技巧、方式方法等方面完全可以借鉴电子游戏。从操作层面看，与电子游戏的开发类似，人文学科模拟实验的关键是要运用多媒体技术，开发出能够进行模拟实验的计算机软件。参考电子游戏的组成要素和开发流程，结合人文学科实验的基本要求，人文学科模拟实验的创设模式大致可以是：根据具体教学内容和教学目的，编创具有典型性的实验案例；根据实验案例，通过计算机多媒体技术进行编程，直观地表现案例内容和案例情境，并运用于实验；实验者在实验中通过角色扮演和人—机互动的方式，参与到案例演绎的具体情节中去，并根据对具体行为的选择或具体问题的回答，导致案例发展有不同过程和不同结果；通过对实验不同过程、不同结果的感性体验和比较反思，引导、启发实验者对教学内容的体悟和理解，并提高实验者在特定情境中分析、解决实际问题的能力。

第三节　德育情境模拟实验的现实基础

德育情境教育模拟实验的现实基础可以从技术水平、硬件设施、适用对象等方面得到说明。

一　现代教育技术水平

从古至今，技术的每次进步都会催生社会应用层面的变革，继而影响社会向前发展的步伐。当前，多媒体与信息技术的出现改变了通信、办公、娱乐和教育原有的含义，使我们充分享受到了它所带来的便利和精彩。

对于多媒体互动模拟情境德育而言，它之所以不同于一般的情境德育，就是因为它借助了现代计算机与多媒体信息技术，为学生创造了一个全新的情境认知与学习环境，学生可以在人机交互的过程中进行道德体验并完成道德学习。但是，要强调的是它的顺利开展，必须经过一个系统化、专业化的前期软件开发工作。这个阶段工作的重心是实现文本化的德育案例向模拟、互动情境的有效转化。这是建构多媒体互动模拟情境德育核心的部分。在这里需要分析的是，现实中是否具备这样的“转化”技术？

就目前而言，开发多媒体互动模拟情境德育教学软件所需要的技术基本都已成熟。做此判断是基于对多媒体互动模拟情境最终实现形式的客观考量。也就是说，单纯以将枯燥的文本、静态场景与角色通过程序设计整合成一个情节连贯、画面流畅的动态情境的要求来说，目前大多数网游或单机游戏所采用的 Flash、VC、DirectX、OpenGL、Java、3D 等开发语言就能完全实现。除此之外，更为复杂的虚拟技术在军事上早已应用，如飞行员的模拟驾驶，军队的模拟作战演习等，都以虚拟技术来支撑，并且效果显著。所以在理论上，多媒体互动模拟情境德育教学软件的开发并不存在技术性障碍。真正需要思考及探索的是，如何组合利用这些成熟技术去创造出逼真的、互动的、符合德育教学所需要的德育情境，这是重中之重。倘若处理不好这个问题，难免会使德育多媒体互动模拟情境教育走向庸俗化或形式化。

二　计算机和网络硬件设施

由前可知，多媒体互动模拟情境德育是以电脑为平台开展的，而这一特性也决定了其对配套的外部设备要求很高。

首先，从电脑普及情况来看。随着社会的进步与发展，作为一种高效、便捷的工具，电脑在人们的日常生活、工作和学习中所扮演的角色越来越重要，电脑普及化已成为时代发展的趋势。据国家统计局数据显示，2001 年至 2008 年间我国城镇居民家庭平均每百户拥有家庭电脑的台数逐年上升，到 2008 年城镇居民家庭平均每百户拥有家用电脑（不含港澳台）59. 26 台。而东部地区[①]城镇居民家庭平均每百户拥有家庭电脑则高达 74. 86 台，[②] 2011 年底达到 81. 9 台。据我国宽带发展联盟发布的第十期《中国宽带普及状况报告》（2018 年第三季度），报告显示，截至 2018 年第三季度，我国固定宽带家庭用户数累计达到 38203. 9 万户，固定宽带家庭普及率达到 85. 4%，环比 2018 年第二季度提

---

① 东部地区包括北京、天津、河北、上海、江苏、浙江、福建、山东、广东、广西、海南 11 个省（区、市）。

② 国家统计数据库：《城镇居民家庭平均每百户拥有家用电脑统计数据》，http：//219. 235. 129. 58/indicatorYearQuery. do？ id =070310700000000。

升 3.4 个百分点，同比 2017 年同期提升 12.9%；移动宽带（3G 和 4G）用户数累计达到 129407.0 万户（不包含移动通信转售用户），移动宽带用户普及率达到 93.1%，环比 2018 年第二季度提升 2.7 个百分点，同比 2017 年同期提升 18.1%。从各地的宽带发展普及状况看，固定宽带家庭普及率方面，江苏、福建、浙江、广东四个省超过了 100%。这些数据表明，电脑已进入我国千家万户，成为居民生活中必不可少的物品。

而且，这些年随着电脑的普及与互联网的迅速发展，人们对电脑的依赖性也越来越大。根据 CNNIC 发布的第 42 次《中国互联网络发展状况统计报告》可知，截至 2018 年 6 月 30 日，我国网民规模达 8.02 亿，互联网普及率为 57.7%。我国手机网民规模达 7.88 亿，网民通过手机接入互联网的比例高达 98.3%。我国网民以青少年、青年和中年群体为主。截至 2018 年 6 月，10—39 岁群体占总体网民的 70.8%。其中 20—29 岁年龄段的网民占比最高，达 27.9%；10—19 岁、30—39 岁群体占比分别为 18.2%、24.7%。[①] 需要说明的是，青少年群体正是多媒体互动模拟情境德育的适用对象，而他们对电脑与网络的熟知度非常有利于多媒体互动模拟情境德育的开展。

其次，从校园网及多媒体教室的建设情况来看。中共中央、国务院 1999 年颁布的《关于深化教育改革　全面推进素质教育的决定》明确指出："大力提高教育技术手段的现代化水平和教育信息化程度"，这使得我国近年来教育信息化发展的步伐明显加快。2004 年 3 月，国务院批准了《2003—2007 年教育振兴行

① 中国互联网络信息中心：第 42 次《中国互联网络发展状况统计报告》，http://www.cnnic.net.cn/hlwfzyj/hlwxzbg/hlwtjbg/201808/t20180820_70488.htm。

动计划》，将“教育信息化建设工程”列为六大工程之一。各级各类学校不仅充实了大量的多媒体与计算机设备，建立了多媒体网络教室，更致力于校园网的建设以配合“校校通”工程的实施。[①] 就高等院校而言，我们知道，其早先推进的教育现代化与信息化建设已经取得不少可喜的成绩。如各院校基本规划与建立了多媒体教室，搭建了校园网，而且将计算机网络延伸到学生宿舍等。由此可见，多媒体教室的普及、“校校通”工程的实施以及校园网的开通，为各级各类学校的多媒体互动模拟情境德育的具体开展奠定了一个良好的外部环境。

三　适用对象特点[②]

一般来说，衡量一种教学方法或手段是否可行、有效，最简单实用的评判依据就是看其是否符合学生的成长特点与他们的需要。而这在考量多媒体互动模拟情境德育的可行性时，同样适用。

首先，学生好奇心理强，易于接受新鲜事物。学生处于成长阶段，具有好奇、好动的天性，这种心理特征使得学生通常易于接受新鲜事物。再加上他们思维敏捷，求知欲强，一旦他们对什么感兴趣必定会激发其探索精神。对学生这一特点的把握是取得德育教学效果的关键。而事实上，多媒体互动模拟情境德育集合了图形、动画、视频图像、声音等多种媒体的优势，具有超文本，信息容量大，表现形式灵活，交互性等特点，给学生带来了一种全新的环境和认知方式。让学生在虚拟情境中体验学习，不

① “校校通”工程是教育部2000年底开始实施的，计划用5—10年时间使全国90%独立建制的中小学校能够上网，使师生能够共享网上资源。

② 这里的适用对象特定为处于青春期成长阶段的学生。

仅能够满足其强烈的好奇心理，而且可以摆脱理论授课的枯燥，使其在更大的自由中获得更大的发展。可以说，在激发学生学习兴趣方面，多媒体互动模拟情境德育具有传统德育课程无法比拟的优势，必然会受到学生的喜爱。

其次，主体性意识增强，渴望自己得到尊重。我们知道，在应试教育的背景下，学生长久以来处于被动地位，只是机械地接受知识，而缺乏独立思考意识和探索精神。随着素质教育的兴起，学生的主体性开始被重视。在这种趋势下，学生们开始有了自我意识，在各个方面也都表现出独立性倾向，对教师的依赖性明显减弱，他们不希望自己仍是被动的“知识接收器”，而是一个鲜活的主体，能够积极主动地探索自己感兴趣的事物。吴康宁教授曾指出，在新的时代背景下，“学生已从顺从的学生转向选择的学生，他们具有以下三大特点：其一，日趋明确地表达自己的选择愿望；其二，日趋明确地强烈地主张自己的选择权利；其三，日趋明确地自愿地承担自己的选择后果”①。面对学生的这些特点，道德教育必须关注和维护学生的主体性需要，从而把道德教育由社会对个人的外在要求转化为个人成长发展的内在需要。以此来审视以“学生为中心”建构的多媒体互动模拟情境德育，它处处彰显着对学生主体性的尊重，这是符合学生特点及发展需要的，势必能够得到学生的青睐。

模拟情境德育符合学生成长特点与需求；不仅有可预期的教学效果，而且有可行的外部实施条件。只要加快德育媒体互动模拟情境教育教学软件的研发，使其早日提上日程，必将推动德育教学的改革与发展。

---

① 吴康宁：《教会选择》，《华东师范大学学报》（教育科学版）1999 年第 11 期。

第八章
德育情境模拟实验的设计原则、具体分类及美术设计

德育情境模拟实验的设计，既是一门技术，又是一门艺术。在明晰科学的实验设计原理的基础上，在比较成熟的实验技术前提下，对实验项目和实验过程的合理设计，是保证实验成功的重要环节。因此，为了保障德育情境模拟实验的顺利实施，除了要考察验证其现实性基础外，也要深入研究其具体分类，结合德育课程本身特点，深入总结情境模拟实验的设计原则。同时，德育情境模拟实验的设计，要凸显艺术性，以增强其体验性、吸引力和感染力。

第一节　德育情境模拟实验的设计原则

根据实验科学的基本原理，任何理论只要具有可操作性与可检验性，并且操作与检验的条件可以人工创造，就可以进行实验

学习和实验研究。[1] 德育情境模拟实验的可行性分析可以从德育理论的可操作性、操作结果的可检验性、德育情境的可模拟性来得到说明和保证。

一　德育理论的可操作性

德育按照学科内容既包括伦理学、哲学、史学等人文学科，也包括法学、政治学、经济学等社会科学。其中相当一部分理论是研究或描述现实中人们的行为之间、行为与行为规范之间、行为与价值观之间、行为与事实之间的实然或应然关系。其中涉及的核心要素——行为及其判断和选择具有很强的可操作性，都可以在一定条件下转化为人机互动，或通过计算机进行人际互动，因而德育涉及的有关理论具有实验的可操作性。这里强调的“有关理论”特指并非所有的德育内容都具有可操作性，特别是涉及比较纯粹的“意义、价值、精神、情感、存在”等抽象内容，或者涉及比较宽泛的“人民、历史、国家、主义、道路”等宏大叙事时，就不具有或很难具有可操作性。比如，理想信念与一个人的成长成才、人权与法治、人民群众与历史发展、改革开放与国家命运等都关系密切，但这些关系很难通过人工设计进行问题描述和情境模拟，因而可操作性不强。

就目前实验水平来看，只有那些与外显、具象的行为密切相关的德育内容，才具有德育情境模拟实验的可操作性。比如，我们设计的有关价值判断和价值选择的实验——“逃生选择”，就具有一定代表性。其基本内容为：一艘航船在海上遇险，船上载有12个身份不同的人，分别是：72岁的医生、患绝症的小女孩、

① 刘茂林等：《新法学实验教程》，北京大学出版社2012年版，第2页。

船长、妓女、精通航海的劳改犯、弱智男孩、优秀义工、普通教师、政绩突出但贪污的国家干部、企业经理、新近暴发的个体户、男青年大学生。船很快要沉没，船上有一只至多能乘6人的救生船，现在要选择其中6人上救生船，并说明选择的标准是什么。实验中，这12个人实际是一种价值符号，对不同人的判断实际是一种价值判断，对不同人的选择实际是一种价值选择，不同的选择导致不同的结果，而且实验者在明了选择结果或明了选择的价值意义后可以重新做出选择。这是一个较有说服力的“经验驱动型实验”，实验结果可以说明通常人们在这种特定情境下是如何进行价值判断和价值选择的。实验中，相对抽象的价值判断和价值选择通过外显、具象的不同人以及逃生选择行为而具有了可操作性。

二 操作结果的可检验性

可检验性包括正确性检验和有效性检验。即德育理论与客观现实是否相符，可以从德育情境模拟实验的操作结果中得到证实或者证伪，这主要是就正确性检验而言；同时，德育理论或某种具体的观念、规范等在现实中应用的客观效果，可以通过收集实验信息予以检测和预测，这主要是就有效性检验而言。比如，我们开设的“阿欧街巷逸事”实验是有关社会公德的情境模拟实验。我们知道，助人为乐、扶弱帮困是人们从小受到的公德教育，但引起广泛关注的南京“彭宇”案对这种观念和行为产生了一定的负面影响，这种负面影响究竟有多大？针对此问题，我们设置了两种情境进行模拟实验。一种情境是：实验者遇到老人在公交车站摔倒，是否帮扶？此时选择帮助的实验者比例为91.34%（实验总人数104人）。另一种情境是：假设不会游泳的实验者独自遇到小孩落水，是否下水救助？此时选择不下水救助的实验者比例为69.23%，且绝大多数人做此选择的理由是因为自己不会游泳。由此可以推测，“彭宇”案对大学生的社会公德造成一些负面影响，但负面影响不大，在条件允许的情况下，绝大多数大学生还是认可并践行助人为乐、扶弱帮困的社会公德。

需要说明的是，根据德育具体内容的知识属性不同，可以把德育内容分为“事实判断”和“价值判断”两种。对“事实判断”可以通过实验进行证实或证伪，即对理论的正确性进行检验，这与一般的自然科学实验相类似，如上述“阿欧街巷逸事”实验；对“价值判断”则无所谓“真”和“假”，只能通过实验进行“实然”和“应然”的检验，这是由德育内容的人文学科特点所决定的，如上述“逃生选择”实验。

三　德育情境的可模拟性

德育情境的可模拟性关键在于对以“人”为核心的实验情境的模拟。这里的“人”既不是自然科学中可以被解剖的具体的生物“人”，也不是一般社会科学模拟实验中可以被“符号”化的抽象的社会“人”，而是活生生的、有血有肉的、有个性的、有情感的现实“人”。这种现实“人”的“出场”以及相伴随的“情境”描述，构成了德育情境实验的主要对象。实验是一种历史范畴，其范围和深度随着科学和技术的发展，随着社会的进步而不断地扩大和深化。[①] 如果说在传统实验技术条件下，实验还主要局限于自然科学领域，在计算机技术条件下，实验迅速扩展到社会科学领域，那么随着多媒体技术的不断发展，对以“人”

① 王维：《科学基础论》，中国社会科学出版社1996年版。

为核心的德育实验情境的模拟就成为可能。

多媒体技术有两个显著特点：一是广泛的综合性，它将计算机、声像、通信技术等合为一体，是计算机、电视机、录像机、录音机、音响、游戏机、传真机性能的综合；二是充分的互动性，它可以形成人与机器或人与人通过机器的互动，而且互动的方式也可以是多样的。这两个特点恰好满足了德育情境模拟的基本要求。一方面，对于"人"的"出场"和相应的情境模拟要求，以往只能在影视片中实现，但这完全是单向的，无法进行互动，而且制作成本高、周期长，现在通过多媒体技术可以较好地弥补这些不足。多媒体所具有的综合性特点，可以将所需要的人物、场景、物品、图形、图像、视频等元素按照要求进行设计、组合和呈现，并较方便地创设出二维或三维动画形式的"人"和相应的情境。另一方面，对于实验的互动操作要求，在以往的德育课多媒体教学中，其实主要是利用多媒体的视频播放功能进行单向观摩，这只是对多媒体技术的简单运用。实验的本质在于操作，操作性是所有实验的基本要求。[①] 经过多媒体编程处理的实验软件，在同时呈现动画、图形、图像、文本、视频等多种信息的基础上，可以很方便地进行人—机或人—人的多样互动，从而可以很方便地实现实验的操作性要求。

第二节　德育情境模拟实验的具体分类

一　德育情境模拟实验的过程

德育情境模拟实验通过专门研发的实验软件进行，其基本过

① ［法］拉特利尔：《科学和技术对文化的挑战》，商务印书馆 1997 年版，第 22 页。

程可以分为四个环节，以下结合“模拟人生”实验来分析说明基本实验过程：

模拟人生的实验目的在于，通过对日常工作、生活的模拟，使学生体悟到：人生价值包含社会价值和自我价值两个方面；人生的价值在于创造价值，在一个相对公正的社会里，衡量人生价值的标准是对社会的贡献；评价人生价值的大小既要看绝对价值，更要看相对价值。

在模拟人生实验中，首先，老师向学生介绍实验操作规则和实验背景，要求学生约60分钟内完成实验任务。

其次，学生通过角色扮演和人机互动的方式，参与到实验情境演绎的具体情节中去，并根据对特定情境中具体问题做出不同选择或回答，并在实验中呈现出不同的过程和不同的结果。

再次，通过对不同过程、不同结果的比较反思，引导、启发学生对教学内容的体悟和理解，并提高学生在特定情境中分析、解决实际问题的能力。

最后，结合实验过程和实验结果，对其中的关键问题或主要选择，要求学生撰写2—4道实验报告题目，形成一份实验报告，进一步阐释其支撑观点或应用理论。

二　德育情境模拟实验的具体分类

根据不同的标准，可以对德育情境模拟实验进行不同的分类。按照实验内容不同，我们把德育情境模拟实验分为道德情境模拟实验、法律情境模拟实验、哲理情境模拟实验等类型。在道德情境模拟实验中，实验者需要运用相关的道德理论和知识，围绕社会公德、职业道德、家庭道德等方面的道德两难问题，进行相应的认知判断和行为选择，着重提高对道德理论的深入理解和实际应用能力。在法律情境模拟实验中，实验者需要运用相关的法理和法律知识，围绕公民日常生活中在婚姻家庭、民事、劳动、合同、知识产权、治安和公共管理等方面可能遇到的纠纷，进行相应的认知判断和行为选择，着重强化法律意识并普及法律基础知识。在哲理情境模拟实验中，实验者需要运用相关的哲学理论和知识，围绕本体论、规律论、方法论、认识论、社会历史论等方面的核心内容或知识点，对一些具有典型性和形象性的情境案例进行判断分析，着重提高对理论的深入理解和分析判断能力。

按照实验主要目的不同，可以把实验分为“理论驱动型实验”和“经验驱动型实验”。这是采用美国学者戴维·维勒（David Willer）和亨利·沃克（Henry A. Walker）教授的分法，他们认为这种区分对于实验科学非常重要。所谓理论驱动型实验（theory-driven experiment），其实验目的是检验理论，为了这一目的，用理论来设计并检验实验。这种类型的实验已经存在了至少四个世纪之久，其适用于多门学科。所谓经验驱动型实验（empirically driven experiment），是建立在差异法的基础上，实验的目的是通过建构至少两个环境（除了一个推荐有差别外，其他都尽可能彼此相同），从而发现世界中的新现象、新关系。如果由于那个差别而产生不同的结果，那么就有了新发现。这种实验同样历史悠久，并且目前在不同的科学中使用这一类型实验。与理论驱动型实验相比，经验驱动型实验的优点在于，人们不需要等待理论的发现来进行研究；其缺点在于，它的实验结果永远不如理论驱动型实验的结果那样值得信赖或者具有普遍性。在德育情境模拟实验中，法律和哲理类实验主要属于理论驱动型实验，道德类实验主要属于经验驱动型实验。

按照实验互动方式不同，我们把德育情境模拟实验分为单人单机版、多人互动版、单人或多人统计版三种类型。单人单机版是指实验时不需要专门的服务器和数据库支持，只需将实验软件安装到普通的计算机上，或通过网络将课件下载到终端机上，就可以单人直接进行实验。其优点是课件使用简单方便，缺点是缺少不同实验者的统计比较，缺少人—人互动。这类版本在整个实验软件中很少，如“风幡之辩”“辩证与诡辩”等实验。多人互动版是指实验时需要专门的服务器和数据库支持，需要多人同时在线通过网络终端机进行实验。其优点是多人同时互动，人际感受性和趣味性更强，缺点是对实验的硬件条件有一定要求，实验教学必须统一组织。这类版本在整个课件中也很少，如“拯救人质”“与他/她相约”等实验。单人或多人统计版是指实验时既可以单人单机进行，此种情况下缺少不同实验者的统计比较；也可以多人同时在线实验，此种情况下可以提供不同实验者的统计比较。其优点是对课件使用的硬件条件和实验组织要求比较灵活，具有广泛的适用性；缺点是缺少人—人互动。这类版本目前在整个实验中占大多数。

按照实验的组织方式不同，可以把实验分为“课程实验”与“实验课程”两种类型。所谓“课程实验”，是把实验教学穿插在理论教学之中进行，相应的理论教学课程有一定的实验要求和学时规定，以理论教学为主，以实验教学为辅，实验的主要目的是为理论教学服务，帮助学生更好地理解和检验理论，并提高理论应用能力。所谓“实验课程”，是把实验作为独立的课程专门开设，其常常需要运用多门理论课程知识，实验的主要目的是培养学生的综合运用能力。目前我们开设的德育情境模拟实验都属于“课程实验”类型，分别配合高校本科生的《思想道德修养与法律基础》和《马克思主义基本原理概论》两门必修课的理论教学。

第三节　德育情境模拟实验的美术设计

情境教育模拟实验系统开发的关键在于能否根据教育目的和受教育者的身心发展特点，有目的、有意识、有计划地创设贴近受教育者生活实际的情境。美术设计的内容是实验系统的所有可视的一切元素，它是不是根据教学目的，结合受教育者——大学生的身心特点和贴近生活实际情景，对实验系统的成功与否都有着重要的影响。实验系统的美术设计主要包含用户界面和故事情节设计两大部分。用户界面设计包括实验系统的框架结构、实验规则介绍、登录界面和对话窗口等几部分。故事情节是实验系统美术的主体，通过形象、场景、动画等形式来讲述教学所需案例，让学生在案例故事的讲述中轻松愉快学到相关的德育知识。下面结合我们的实践探索，分别从用户界面设计和故事情节设计来分析德育情境教育模拟实验中的美术设计。

一　用户界面设计

用户界面就是模拟系统的操作界面，是学生和模拟系统互相传递信息的媒介，主要分为窗口、图标、菜单和鼠标指针几类，它是学生对试验系统第一印象和视觉美感的重要组成部分，也对学生操作引导，顺利有效完成实验起着重要作用。试验系统的目的是学习德育知识，提高学生的道德实践能力，所以界面设计类别属于多媒体教育界面设计，有别于软件界面设计和网站界面设计；操作简易，要求界面设计视觉元素得当，对话框设置合理，颜色统一并有层次性，信息提示要准确，用户能一目了然；大学生喜欢轻快明亮的色彩，时尚可爱有趣味的形象，所以用户界面是色彩明快，形状可爱。下面以实验系统中的具体案例阐述分析。

教学多媒体界面设计要遵循形式符合功能原则，协调和平衡原则。界面设计的形式为教学功能服务，方便实用是第一位，形式美感处于从属地位，形式一定要结合案例的内容和教学目的，界面风格要吻合案例的故事内容，在界面元素方面尽可能地与案例内容相匹配。如图 8—1 所示，操作须知对实验操作者非常重要，这时界面设计以操作者能方便阅读操作须知为目的，其他元素都是配合这个目的来设计，古朴风格来吻合案例的内容；界面设计的元素的位置、形状、颜色之间要协调平衡。如图 8—2 所示，对话框，胖鸟，按钮之间颜色关系，形状大小，风格倾向都要取得协调和平衡。

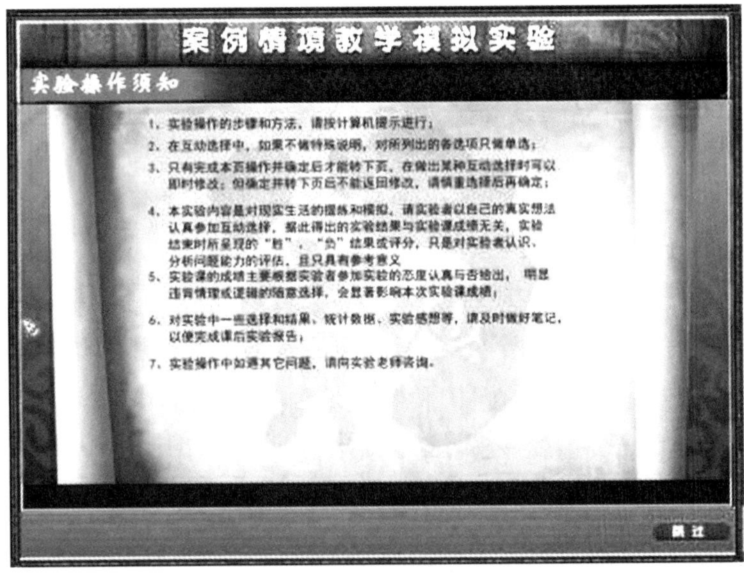

图 8—1　案例情境教学模拟实验

图 8—2　辩证与诡辩

元素安排得当，图形直观，层次清楚，引导明确。如图 8—3 所示，用学生非常熟悉的形式让学生填入学号和姓名，并且位置

图 8—3　辩证与诡辩

居中突出，文字层次分明，并在开始填写的地方加入光标闪烁提示，使学生对界面操作顺序和方式一目了然。在有些复杂的操作中，还加入对话式方式加以引导学生（见图8—4）。保证学生操作的准确性和顺畅性。

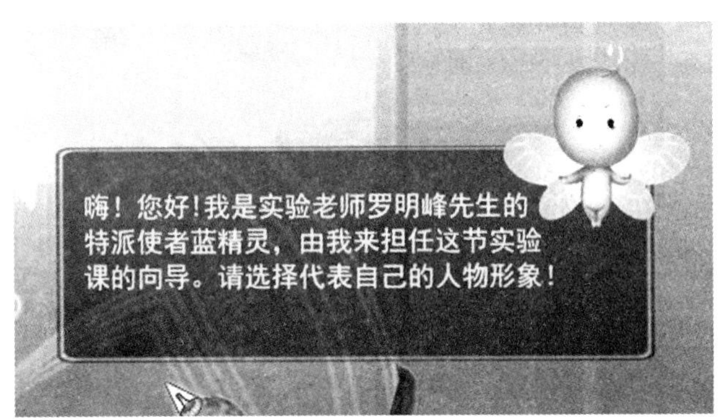

图8—4　辩证与诡辩

色彩明快，形象可爱，尽可能增添趣味性元素。图8—5通

图8—5　辩证与诡辩

过可爱的胖鸟及其下面的几只动物形象加强大学生对试验系统的亲近感。图 8—6 则通过像烟花一样彩色星星和胖鸟的表情增强界面的趣味性。

图 8—6　辩证与诡辩

二　故事情节设计

故事情节设计：故事情节设计包括角色形象设计，场景设计和动画设计几部分。故事情节设计要准确描述德育情景案例的内容，贴近学生生活实际情景。案例剧本内容和大学生心理与生活特点决定了故事情节设计风格和内容，角色的形象，场景和动画形式。下面分别从形象设计、场景设计、动画设计来具体分析：

角色是案例中的演员，是案例故事的载体，首先研读案例的故事，根据案例内容来确定角色的风格，年龄，服饰和道具，让角色在情节中更“真实”；同时角色要符合现代大学生审美观念，加入一些时尚可爱的元素，让大学生认同并感兴趣的“角色”，如图 8—7 所示，《拯救人质》案例的角色属于远古时期，衣服和首饰自然是古装，符合故事“身份”同时又充分考虑当代大学生的审美特点，在体形，发型和衣服上加入现代时尚成分，这样就可以创造出既符合案例故事，又受大学生喜欢的角色，自然地，学生在扮演角色时就容易沉浸其中。而《辩证和诡辩》的案例里故事比较多，涉及的故事情节多，所以采用大学生喜闻乐见的漫画风格，形象简洁、明亮和可爱。即使是古装人物，也显得现代时尚，如图 8—8 所示。

图 8—7　拯救人质

场景设计：场景就是虚拟的故事情节的“舞台”，涉及故事情节的时代、社会背景以及自然的环境、地域及场所和空间，是我们虚拟情景内容的重要组成部分。首先根据案例的自然环境和社会环境来设定环境，让场景讲故事，同时要考虑到角色与出现

图 8—8　辩证与诡辩

的位置和界面的设定情况，这样才能设计出符合情景试验系统的“真实”场景，让学生沉浸于场景中，达到我们情境教育模拟实验的目的。如图 8—9 和图 8—10 所示，《拯救人质》的例子中，场景充分利用各种元素，如倒塌房屋，凌乱的木栅栏，燃烧的烟

图 8—9　拯救人质

火，弯曲的山路，飘扬的旗子来渲染案例中描述的场景，让学生感觉真实可信。同时在实验中通过场景位置变化，有效体现整个故事情节地点从山下到山上的位置变化过程。

图 8—10　拯救人质

动画设计：实验系统的动画包括运用的视觉元素讲述故事和操作互动设计，人物和物体的动画基于案例剧情，在其基础上巧妙地插入一些趣味性的情节，使得试验系统集知识性和趣味性于一体。如图 8—11 中的胖鸟各种生动有趣的表情动作，就增强了实验的趣味性。趣味性是模拟系统实现目的的重要保证，正如美国现代心理学家布鲁纳认为：“学习最好的刺激乃是对学习材料发生兴趣。”互动设计是根据教学知识点的特点出发，结合具体实验的目标，设计恰当的互动方式。互动设计是系统性的，前后之间关联紧密，需要整体设计，也与程序有关，需与程序员经常沟通。

图8—11　胖鸟

实验系统中的美术设计不同于动画游戏中的美术设计，知识性是它的首要特性，需充分调动其中各种元素和因素，来达到实验系统的目的和宗旨。这就要求设计时以案例内容为依据，学习效果和效率为准绳，风格符合大学生审美情趣，内容知识性和趣味性融为一体。

第九章 德育情境模拟实验的功能和特点

德育情境教育模拟实验是按照具体的教学要求，通过多媒体技术将德育案例转化为互动可视的模拟情境，并以实验的方式运用于教学，学生在实验中通过角色扮演和人—机互动的方式，完成特定的任务或解决特定的问题，以此增加学生对教学内容的"体悟"和理解，突出提高理论应用能力。德育情境模拟实验能够提供"情境体验"，引发"情感共鸣"，促成"转知成智"，回归"生活世界"，呈现出情感性、主体性、价值多元性、现实超越性、趣味性等特点。

第一节 德育情境模拟实验的功能

与传统德育情境教育所采取的情境创设方式完全不同，德育情境模拟实验既不需要学生移步户外，更不需学生凭空想象，而是利用技术手段将"德育情境"直观形象地再现出来，使学生有身临其境之感。同时，这种再现不像一般多媒体教学那样是单向的，而是一种人—机或者人—人交互的过程，这不仅有助于学生的直接参与，更有助于学生知、情、意、行等学习因素的全面调动。与一般的文科教学实验相比较，德育情境教育模拟实验具有一些突出的功能。

一　提供“情境体验”

由于学生阅历浅、感性认识缺乏，而德育理论具有高度的概括性和抽象性。这就需要根据理论联系实际原则和德育实践性的特点，为学生提供道德实践的机会，引导其道德行为。像参观爱国主义基地、去敬老院扶助孤寡老人等活动，就是为使学生置身于某种道德实践情境中，以激发其道德情感，促成其养成相应的爱国、尊老等道德行为的一种方式。然而，我们也清楚这种道德实践活动本身有驾驭难度大、教学成本高、运用的广度与深度有限等方面的不足，我们很难在现实中为学生创造更复杂多样的道德实践，譬如“道德两难困境”。在这种情况下，德育情境教学模拟实验的出现，创造了一种独特的道德实践方式——互动式模拟情境体验。

通过技术手段创设虚拟情境，使学生能够置身于具体的道德实践中，对纷繁复杂的道德文化信息有切身的体验和感受，从而为学生获得真实的感情和思想创造了极大的可能性。不仅增强了学生的学习兴趣，更凸显了学生的主体性和节约教育资源的优势。可以说，这里的模拟情境体验为道德实践的主客体架设了一座桥梁，使德育不再是抽象的理论和空泛的内心修养，而是立足于实际生活中的道德判断和实践上的行为。尽管这种情境体验是在虚拟情境中完成的，但是学生在这里可以间接获得现实生活中的道德经验，有助于学生掌握道德标准，指导自身的道德行为。

同时，根据实验心理学家赤瑞特拉（Treicher）的大量实验证实："人类获取的信息83%来自视觉，11%来自听觉。""还有3.5%来自嗅觉，1.5%来自触觉，1%来自味觉。"[①] 这说明通过多种感官的刺激所获取的信息量，比单一地听老师讲课强得多。而德育情境教学模拟实验是以计算机为平台，在多媒体与现代信息技术的支撑下展开的，其最大的优势就在于，能够将文本、图形、图像、动画、视频、声音等多种媒体集成的特点运用到模拟情境的创设中，使情境直观形象地展现在学生面前，从而把教学内容变为更为具体的、可感知的东西。这种实现形式，超越了基于"文本"或"对话"的传统德育教学，它为学生提供的是可视的、可参与体验的互动情境，更能吸引学生的注意力、增加学习兴趣。在这里，学生不是作为冷眼观看的旁观者，也不是作为课堂教学的聆听者，而是作为情境体验的主人公参与其中。

特别值得一提的是德育情境教学模拟实验的互动体验，并非仅体现在参与形式上，还体现在情境内容的互动上。教师通过对德育情境内容的精心构思与设计，让学生在情境体验中感悟反思当中潜藏的德育问题，并循序渐进地引导之，从而使整个体验过程成为以德育内容为中介的师生间理解性的相互交流活动。这种全新的、多层次的道德情境体验，不仅能激发和保持学生学习兴趣和欲望，调动、提升学生学习的积极性和主动性，还能有效地使学生意识到自身的道德需要，并且明白道德知识在现实生活中的内在意义，有利于消除德育过程中学生认知、情感、人格等与生活的实际阻隔，为德育顺利有效地扫除不利的内外障碍性因素，真正促进社会道德需求转化为学生自身道德品质。

---

① 肖力：《论多媒体教学与教学改革创新》，中国财政经济出版社2004年版，第290页。

二　引发“情感共鸣”

德育不是纯粹的智育过程，而是一种强烈的情感教育过程。这是因为在思想道德品质的形成与发展过程中，情感信念起着导向性支撑作用。如果离开了“育德以情”，那么先前习得的道德知识都很难收到理想的效果。正如苏霍姆林斯基所言：“情感是道德的血和肉，如果抽掉了情感，再好的德育都是干瘪的。”① 所以，德育不仅以理启人，更是以情感人，强调一种情理交融。

德育情境教学模拟实验的运行机理就是触及学生情感，引发“情感共鸣”。一般来说，情境总可以唤起人们某种相应的情感，而对于特定的道德情境，人们又总是有着相似的评价和理解。所以，当学生置身于特定的多媒体互动模拟德育情境中，受到情境潜在的暗示或感染时，不仅能设身处地地感知情境里角色的身份和遭遇，还能主动地意识到角色的思想和情感。心理学中将这种现象称为“移情”，即“通过对情绪气氛的渲染和交流，自身产生与他人感情相接近的感情体验”。也就是说，在情感上形成一种共鸣。这种情感共鸣，还有助于学生将自己对感知对象的喜怒哀乐潜移默化地转为自己的真挚道德情感，引发一种“亲自实践”的真切体验。在这个意义上，德育情境教学模拟实验使外在的道德规范要求就变成了学生内在的情感需求，外在的必要性转化为学生内在的自觉性。

这种通过创设德育情境，以境育情，以情育德的策略，不仅有利于学生加深对思想道德的认知，强化对思想道德的感受和体

① ［苏联］苏霍姆林斯基：《培养全面发展的个性问题》，教育科学出版社 1994 年版，第 191 页。

验，更有利于促使思想道德情感的生成，使道德学习成为学生自主建构的过程。

三　促成“转知成智”

所谓“转知成智”[①]，这里是指将获得的道德认知转化为道德智慧。这既是情境德育的一个重要功能，也是它所体现的价值诉求。传统德育教学采取知识灌输的形式来进行，是因为认识到“任何品德的形成和发展都是基于行为主体对什么是对的、什么是错的、哪些是应该做的、哪些是不应该做的等基本道德观念的认识和掌握”[②]。这种认识，使得我们将学生道德品质的养成完全寄希望于知识灌输，寄希望于学生对道德原则、行为规范的知悉。殊不知“即使能够想象出一套最好的伦理规范，对于生活来说，它也永远是过于简单的，它只能是生活所需要的各种技术中的一种，而不可能是用来判断所有行为的原则”[③]。这种德育既不符合思想品德的形成规律，又不符合客观实际。道德认知仅是品德形成与发展的基础和必要条件，并不能解决学生在有了一定道德认知后内化为自身道德情感和意志，形成道德能力，固化为道德品质，生成自由自觉的道德行为等一系列问题。更何况实际生活千变万化，德育教学不可能穷尽所有。所以，德育情境教学模拟实验的又一功能就是促进学生道德智慧的发展，力求使学生从

① “转知成智”一词源自佛学，是佛教唯识学成佛理论的核心。我国著名哲学家冯契借用“转识成智”的概念，创立“智慧说”并赋予了“转识成智”以认识论的新义，认为人的认识活动是“从无知到知和由知识到智慧的辩证发展过程”。此后，“转识成智”从佛学专门术语，成为学术界频繁使用的概念。

② 戚万学、唐汉卫：《现代道德教育专题研究》，教育科学出版社2005年版，第49页。

③ 转引自李红亚《教育意义的寻觅：知识、道德与课程》，知识产权出版社2007年版，第112页。

"有知识的人"走向"有智慧的人"。

具体来说，德育情境教学模拟实验"转知成智"的机理主要是通过其所创设的互动式模拟德育情境这个平台实现的。因为当学生置身于形象、生动的德育情境中时，情境中的背景、故事或事件都会不断给学生施加一种外力，促使学生运用他们平常习得的道德知识去分析、思考，甚至解决模拟情境中的道德问题，在这种诱发与刺激下，学生会产生选择性需要，产生心理上的紧张感，进而采取一定的道德行为。这时道德知识就变成活的知识，成为能够指导学生道德行为的指令。在这个意义上，道德知识不再是被储备的呆板知识，而是升华成为一种道德智慧。不仅如此，当学生在模拟实验特定情境中所遇到的具体问题不能用现成的知识来解决时，更需要学生运用有关知识来分析和判断，这一过程正是"转识成智"的过程。这种智慧能有效地促进学生自我道德能力的形成和内化为道德信念，生成目标德性。

四　回归"生活世界"

道德总是生活的道德，生活也是离不开道德的生活。生活需要并产生道德，道德适应并满足生活。二者的辩证关系决定了以思想道德为教育内容的德育必须是生活化的德育。德育不能远离生活，否则就会出现《学会生存》中警告的那样："在一个世界里，儿童像一个脱离现实的傀儡一样，从事学习；而在另一个世界里，他通过某种违背教育的活动来获得自我满足。"① 这是我们所不愿意看到的。

① 联合国教科文组织国际教育委员会编：《学会生存》，上海译文出版社 1979 年版，第 14 页。

对于德育情境模拟实验而言，回归“生活世界”正是其中的一个重要功能。这么说是因为，在情境创设时，它会联系学生实际生活背景、生活经验、生活经历，会涉及生活中有争议的、有道德意义的事件，力求贴近生活、从现实生活中汲取内容，创设一种具有生活气息的德育情境。这种接近学生生活实际的情境，最能有效调动学生全部的感受力和过去生活得来的经验去探讨、思考与发现其中蕴含的具有挑战性与针对性的问题，从而凸显德育教学的现实价值和意义。

另外，德育情境教学模拟实验不仅源于生活，还高于生活。它不是将某一具体生活中的道德情境虚拟化，以便我们重复地进行以检验我们在生活实践中获得的经验、体会或结论的正误，而是将那些在真实的生活道德实践中所获得的体验或理性认识通过“新的道德实践”一再地加以运用，并在这种不断的实践中使学生对自己与人们在生活中的道德行为及信念进行发自内心的反思与剖析。这种体验是现实生活或现实德育教学所无法给予的。

由此可知，德育情境教学模拟实验不仅可以恢复德育知识原本已散失的生活信息，使对学生具有疏远性的德育内容显得真实、亲切和可信；而且可以为学生的意义性理解提供真实背景和情感条件，丰富学生的经验、感受和体验，有助于帮助学生的道德行为“回归生活”。

第二节　德育情境模拟实验的特点

德育情境模拟实验是按照具体的教学要求，通过多媒体技术将德育案例转化为互动可视的模拟情境，并以实验的方式运用于教学，学生在实验中通过角色扮演和人—机互动的方式，完成特定的任务或解决特定的问题，以此增加学生对教学内容的“体悟”和理解，突出提高理论应用能力。它与传统德育情境教育所采取的情境创设方式完全不同，既不需要学生移步户外，更不需学生凭空想象，而是利用技术手段将“德育情境”直观形象地再现出来，使学生有身临其境之感。同时，这种再现不像一般多媒体教学那样是单向的，而是一种人—机或者人—人交互的过程，这不仅有助于学生的直接参与，更有助于学生知、情、意、行等学习因素的全面调动。因此，与一般的文科教学实验相比较，德育情境教育模拟实验具有一些突出的特点。

一 情感性

原苏联教育家赞科夫指出：“教学法一旦触及学生的情绪和意志领域，触及学生的精神需要，便能发挥其高度有效的作用。”① 这是因为，学生的学习是以其整体的心理活动为基础的认知活动和情感活动相统一的过程，并非单纯的认知性活动。在这个过程中学生并不是被动地接受，而是作为主体的“人”为求自身发展而产生的一种必要的主动性行为。所以不能把学生当作装盛知识的容器，他们是有丰富情感的“人”。任何学科的教育教学都不能忽视对学生情感必要的人文关怀。

情感在道德教育中是必不可少、十分重要的，这不仅是因为情感在个体道德品质形成过程中“一方面表现为它是品德认识升华为品德信念，外化为品德行为的动力”，更因为情感“又表现为它也可能是这种‘升华’和‘外化’的阻力”。② 德育情境教

① ［苏联］赞科夫：《教学与发展》，人民教育出版社1985年版，第106页。

② 邵宗杰：《教育学教程》，浙江教育出版社1998年版。

学模拟实验的优势就在于它不仅能全面地激发学生的积极情感，而且能有效地抑制、转化学生的消极情感，从而增强学生选择、认知德育信息和知识的驱动力。这种调节与优化学生情感的功能，是在引发学生进行情感体验的过程中潜移默化地完成的。具体而言，在多媒体互动模拟情境中“学生受到情境的暗示和感染，引发‘亲自实践’的真切体验，设身处地感知情境里角色的身份和遭遇，激起情感上的共鸣与契合，又在情境的巨大导引效应中将感知对象的喜怒哀乐潜移默化地转为自己的真挚情感”[①]。在这里情感不仅作为德育手段，而且成为德育教学本身的任务和目的，正所谓“以情育德”。在这个意义上，“它突破和超越了理性至上、知识本位的教育传统，将长期被忽略的情感因素重新摆在教育的应有位置”。[②]

二　主体性

德育是一门人文教化的学科而不是一门知识传授的学科。[③]它需要学生去积极探索、主动思考，发挥自身的主体性作用，真正地把道德知识内化为自身的道德品质、外化为自觉的道德行为。

在德育情境教学模拟实验中，教师并非直接向学生传授某种特定的道德观念或道德要求，而是给学生展示或让学生进入一系列和现实生活密切相关的模拟化的德育情境。虽然，这些情境中暗含有教育者的德育目的，但它并非是以一元道德价值观强迫学生接受，而是将多元的道德价值一同融入该情境，以鼓励学生自

① 孙明、孙集：《德育与情境教育》，《浙江海洋学院学报》1999 年第 4 期。

② 田慧生：《情境教学—情境教育的时代特征与意义》，《课程教材教法》1999 年第 7 期。

③ 倪娜：《试论德育情境教育》，《中小学教师培训》2004 年第 10 期。

己去尝试，自己去判断，自己去选择，从而培养他们的道德智慧和道德理性。这种模式实质上是主体教育理论的应用，即强调在教育中应该注重培养和发展学生的主体性，这有别于传统的“教学中心论”。在这种德育方式下，“学生首先面对的不是先导的教育灌输，而是生活的情境，这里道德不是靠权威进行的，而是靠源自于个体内部的实践经验和靠自由批判意识的不断应用由内向外实现的”。[①] 也就是说，它要求学生积极参与到互动的模拟德育情境中去完成自身道德品质的塑造，而不是被动地接受和理解现成的道德知识，从而让其充分认识到自己是道德行为的实践主体，这对于促进学生的道德成长有很大价值。在某种意义上，学生在模拟的互动德育情境中的道德学习是一种自主建构，其体验、判断、选择都是主动、自觉实践的结果，最能真实反映学生的道德认知水平，有利于推动德育的良性循环。

三　价值多元性

采用多元的道德价值观进行教学是德育情境教学模拟实验必然的选择。因为其互动化设计的初衷就是发挥学生的主体作用。而在模拟德育情境中，这一作用的实现不是简单敲击键盘与鼠标，而是给予学生完全的“自我”，以使其深入认识到自己道德选择的价值追求，在逻辑判断中认识各种道德选择的可能代价，从而提高学生的道德认知能力和道德实践能力。而要实现这种深层次的互动，模拟德育情境中必须蕴含多元的道德价值观。

具体来说，在设计多媒体互动模拟情境时教师并非功利地秉持

① 郭宝亮、苏双平：《情境化德育教学理论刍议》，《内蒙古农业大学学报》2000 年第 4 期。

一种道德价值观念，而是怀着宽容的胸襟将不同的价值观念都融入情境故事中，以确保学生能够在蕴含多元价值观的情境中进行道德实践，让其在形成道德经验、道德理想的过程中享有充分的自由。这么做并非毫无意义，因为“一种社会规范对于人的发展是否具有意义，一要看其是否有利于人类个体过富有创造性的生活，二是要看其是否是个体自由选择的结果”[①]。当然，给予学生这种自由并不是放任不管，也不是离开文明大道的任意驰骋，而是为了更好地对学生的道德认知进行价值引导。可以说，在互动模拟德育情境中融入多元价值并不是目的，而是为学生提供一个比较与选择的契机。也许有人担心，学生缺乏社会阅历，其世界观与人生观并未形成，易受到外界的干扰，多种价值观念的同时出现会令学生茫然无措。对此，大可放心。为了避免学生在模拟德育情境学习中的盲目性，教师在学生可能疑难之处、受阻之地早已预设释疑解难、引导点拨，如此学生就会主动将不同的价值观念进行比较，自然而然地进行道德反思与批判。可以说，教师在创设模拟情境时所预先设置的引导、释疑，可以帮助学生选择更合理的道德价值。这种做法能够有力地促进学生对道德规约的理解能力和道德判断能力，启发学生的道德智慧。这对于改善学生对道德规范“只知其然，而不知其所以然”的现象有很大的帮助。

从这里我们也可以看出，“教师与其代替学生作思想道德判断，不如设法提高学生的思想道德判断力，让他们自己学会运用理智作出判断或决定”[②]。这也正符合美国道德教育理论家路易斯·拉斯等人所倡导的道德价值澄清模式的理念。

---

① 于述胜、于建福：《中国传统教育哲学》，江苏教育出版社1996年版，第375页。

② 潘月俊：《德育情境教育：“指导”学生生长的道德教育》，《思想理论教育》2002年第10期。

四　现实超越性

现实超越性，是说德育情境教学模拟实验所创设的“情境”不是教师随意想象或凭空捏造的，而是来源于现实生活实践，它不是对现实简单的机械反映或复制，而是融入了未来可能性因素，能让学生超越现实而预见未来可能。这一特点的形成与其“情境”创设方式密不可分。从多媒体互动模拟德育情境教学的概念中可知，在情境创设中，“情境”的内容来源于教师编创的德育案例，而“情境”的形成则是借助多媒体计算机技术来实现。也就是说，情境内容与形式的统一共同促成了其现实超越性这一特点。

现实超越性首先是建立在现实性基础上的，现实性体现于德育案例编创紧密联系生活实际，取现实生活为德育素材。虽然在情境呈现的方式上，它是一种模拟的情境，但那仅是情境的创设手段，而并非情境的内容。换言之，呈现方式的虚拟化并不能决定情境不具备现实性。客观上，情境的内容即德育案例虽然进行了一定的加工、再创造，但并非虚构。它的编创是依据于客观的现实环境，依赖于社会背景及时代要求，这些都规约着模拟情境的现实性。正因为多媒体互动模拟情境具备现实性才能使学生的感受更加真切、更容易与自己的现实生活挂钩。若失去了现实性，多媒体互动模拟德育情境便失去了可信力，也丧失了德育价值。在这种现实性的基础上，超越性体现于未来可能性因素的融入，即通过德育案例编创与情境模拟，学生能在可视的虚拟情境中预知当事人或自己选择道德行为的可能性后果，并通过后果来反思与评价自己的道德认知与行为，这是在以现实生活作为德育情境来进行教学所难以企及的，是德育情境教学模拟实验突破时空限制与现实羁绊的优势所在。

五　趣味性

美国现代心理学家布鲁纳认为："学习最好的刺激乃是对学习材料发生兴趣，兴趣是一种特殊的意志倾向，是动力产生的主观原因。"这是因为，教学过程就是教师运用多种手段"刺激"学生的过程，其目的就是使学生对所要学习的知识、技能、行为习惯等方面的内容发生"兴趣"，并最终实现教学目标。从教育发展的角度而言，为了实现千百年前就已提出的"寓教于乐"的教育思想，让学生的学习变成快乐、自愿的事情，已成为未来教育发展的趋势。

对于德育情境教学模拟实验而言，它之所以能引起学生的兴趣，是因为其借助于现代技术把传统的德育教学转变为学生喜欢和乐于接受的方式进行。一方面，它是依靠多媒体计算机技术来创设德育情境的，其可视的画面、互动的操作、有趣的音效，无一不为其增添趣味元素。另一方面，教师在每个德育案例的情境中都设计了有趣的环节，避免使其过于说教，使学生能够在玩的过程中愉快地接受德育。这样对于学生来说，德育过程就变成一个没有负担、轻松愉快的享受过程。这相对于传统意义上枯燥的理论说教更能吸引学生。所以，尽管德育具有严肃的教育意义，但是如果失去了有趣的形式，这些有益的内容都将失去其基本的受众，难以在应用中产生可见的影响。可以说，这种尝试是一种换位思考，它以一种返璞归真的方式来激发学生的参与热情，让他们产生道德学习的兴趣，这种方式学生易于接受，更乐于参与，从而使德育变被动为主动。

第十章

思想政治理论课情境教学模拟实验的探索与实践

多年来，深圳大学积极探索德育课创新模式，从 2007 年开始，先后在《思想道德修养与法律基础》和《马克思主义基本原理概论》等德育课中，逐步推进情境教学模拟实验，从小范围的试用，到正式列入教学计划全面开设，做了大量的探索、尝试和实践，多年的教学实践表明，基于以上设计开展的德育课实验教学得到广大学生和同行专家的积极肯定和普遍认可。总结梳理多年来探索与实践的经验，能够为推进德育课情境模拟实验的实践和发展，进一步提高高校人才培养质量提供参考借鉴。

第一节　实验内容特点

德育情境教学模拟实验是以专门研发的实验教学软件系统为平台，而软件系统的研发又以专门编创的教学案例为基础，因而教学案例编创既体现了实验内容，又是整个实验设计的核心。在案例编创即实验内容设计上，我们注意突出以下特点。

一　案例主题具有针对性

即案例主题不仅要明确、突出，而且要针对教学大纲或教材中的重点、难点、疑点问题。这实际上体现了德育教学模拟实验的基本指导思想，即作为一种特殊的教学方式，德育实验教学是为理论教学服务的。如在我们开发的《马克思主义基本原理概论》课程实验项目中，“风幡之辩”实验主要针对认识方式和认识层次教学内容，“生态迷宫”实验主要针对世界的普遍联系教学内容，“飞矢不动”实验主要针对运动的基本特点教学内容，如此等等。

即作为角色扮演的学生，在实验情境中必须解决各种各样的冲突或问题，并常常面临着类似于“囚徒困境”那样的两难选择。这种设计要求一方面基于具有戏剧性的冲突更有理论魅力和现实魅力，因而对学生更有吸引力；另一方面更基于对学生理论应用能力的提高。理论教学主要传授的是理论知识，如何把理论转变为能力，把知识转变为方法，其最有效的途径就是应用理论知识解决实际问题。而冲突性是复杂多样的实际问题的突出特征，学生应用理论进行两难甚至多难选择的过程，实际就是掌握方法、提高能力的过程。

二　案例情节具有复杂性

案例情节内容既要尽可能全面地反映复杂多样的现实生活，又要尽可能全面地体现理论的基本知识点，增加实验的深度和厚重感。为此，在设计案例情节和发展路径时，在参考实际生活的

基础上，必须把案例主题不断细化、深化，把欲掌握的知识点“说”全、“说”透。那种简单的观点加例子式的“图解”理论，既误读了理论，也误解了生活，也不符合大学生的认知水平和思维兴趣，很容易使学生感到轻薄、幼稚、空洞而产生抵触心理。

三　案例互动具有主导性

即整个实验始终要以互动为主导，推动案例故事或情节向前发展。学生直接动手操作是实验的基本特征，对计算机模拟实验来说，这也是使学生直接参与，增加切身体验的基本要求，否则就不成其为实验，就可能与单向观摩的一般多媒体教学无异。为此，我们以解决各种冲突或问题的内容互动为主，同时模拟现实生活设计了各种辅助性的、合理的、巧妙的、有趣的形式互动。另外，还注意多用情境互动，少用文本互动，过多的文本互动很容易使实验类似于问卷调查，会大大减少实验的在场感、体验性和趣味性。

四　案例设问具有启发性

即设问要能够引导学生厘清思路，发现问题，分析原因，并进行更深入的理论思考。作为一种教学模拟实验，常常会对行为选择的动机、理由以及选择结果的比较、反思等主观反应进行问题互动。此时学生往往是被动的，只能循着设计者的设问去思考和回答，因而设问一定要尽可能的科学、合理，既能提出学生心中的疑问，又能通过设问引导学生更深入地思考。同时，对题支即设问的备选答案要注意尽量周全，减少重复，避免有意或无意的诱导，还可以根据具体问题设计封闭式、半封闭半开放式或开放式答案。

五　案例评析具有学理性

即对实验选择结果进行评析时，应该具有系统的理论支撑。评析是对学生在实验中所进行的选择及其结果的正误或优劣的评判和分析。鉴于实验平台的呈现特点，通常不可能也没必要进行系统的理论阐释和分析，一般只是简明扼要地“点到为止”。但“点到”的背后必须有系统的理论支撑，这是保证评析科学性和作为教学实验的基本要求，也是对实验后的实验报告和实验讨论的理论准备。

第二节　实验的探索与应用

思想政治理论课情境教学模拟实验，是把案例教学和情境教学这种现代教学模式与计算机模拟技术这种现代技术手段相结合，所创立的一种新的教学方法和教学模式。其基本原理在于强调观念教育的实质是一种态度的形成和转变，这需要靠“体认”才能最终完成；实验内容注重突出六个特点；实验技术路径是在自行研制的情境教学软件开发引擎（SIDP）的基础上设计完成的；实验过程包括三个阶段和四个主要环节。

鉴于此，我们将其作为学校思想政治理论课的重大教改项目和创新项目，进行了五年多的探索和实践。

一　实验基本原理

思想政治理论课主要是进行世界观、人生观、价值观、道德观、法制观等方面的观念教育，而观念教育不只是一般的知识教育，其核心是一种态度的形成或转变。作为具有综合心理结构的态度是由认知、情感、行为倾向等多种要素组成，因而态度的形成遵从人的心理形式的一般规律。其中认知是开端和基础，情感起着内驱力和催化作用，意志起着定向作用，在知、情、意交互作用的基础上，通过一定的训练和养成，形成行为习惯，最终形成具有相对稳定性的态度。也就是说，作为人的完整的态度的形成，应该是人的知、情、意、行共同作用的结果。

正因为此，思想政治理论课并不主要是更不等同于知识教育，而是一种具有综合性的教育。两千多年前古希腊哲人亚里士多德所提出的“美德是可以教的吗?”的质疑不无深意，马克思关于人在活动与环境的相互作用中获得全面发展的哲学原理进一步揭示了“美德”形成的内在机理，现代哲学家、教育学家杜威所提出的“教育即生活”亦可以看作是一种更直白的表达。这种综合性教育不只是从别人那里听来的或者从书本中学到的间接知识，更需要某种感同身受的直接体验，从而获得一种个体信念上的认同，由此才会导致相应的行动。我们可以把这种综合性的教育称为“体认”，如果说知识学习主要靠传授，技能掌握主要靠训练，那么态度形成主要靠体认，其源头来自于现实生活。

当然，具有具体教学目标的思想政治理论课不可能被现实生活所替代，但需要理论联系实际，需要“回归”生活、贴近实际，来最大可能地实现“体认”。为此，教育工作者总结、创造了社会实践教学、多媒体教学、案例教学、情境教学等不同的教学手段和方式，并颇有成效地运用于教学实践。也正是在此基础上，我们进一步提出了思想政治理论课情境教学模拟实验的方式方法。即把案例教学、情境教学这种现代教学模式与计算机模拟技术这种现代技术手段相结合，借助专门研发的软件系统进行案例情境模拟；学生通过角色扮演和人—机互动的方式参与其中，并根据对具体情境中具体问题的不同选择或回答，导致案例发展有不同过程和不同结果；通过对不同过程、不同结果的不同体验和比较反思，引导、启发学生对教学内容的体悟和理解，并提高学生在特定情境中分析、解决实际问题的能力。这样一种新的互动体验式模拟实验教学方式，相对于一般的案例教学、情境教学和多媒体教学，其在案例内容上更丰富、更系统，在情境创设上更直观、更生动，在互动形式上更直接、更具体，从而更容易获得一种感同身受的“体认”。

二　实验技术路线

思想政治理论课情境教学模拟实验的软件系统，是在我们自行研制的情境教学软件开发引擎（SIDP）的基础上设计完成的。为此，我们借鉴、消化、吸收了相关成熟的网络游戏技术，对O-GRE、Hge、Irrlicht等国际知名的开源游戏引擎进行全面剖析，力争建立一个通用性好、运行环境要求低、运算速度快、模型结构相对简单、灵活性好、真实感强的技术平台。

与此同时，我们根据教学需要进行了软件的功能筛选并开发了一些新增功能。所提供的主要功能包括情境创设及变换、角色动画、角色扮演、情境构造粒子系统、天气等自然现象模拟及动态渲染、水波等自然运动模拟、交互式教学功能组件设计、网络通信等核心功能模块。

配合开发引擎SIDP的使用，我们同步进行了教学情境资源建设，设计了一批动漫形象、情境物件、场景图、情景粒子、音效粒子等教学软件中可以共享使用的资源。同时重点开发了增强

人物真实感的有关技术环节，包括表情特征控制点标定、抽象肌肉模型建立、真实感人脸纹理映射、表情和口型动画驱动等主要技术。

SIDP 的开发工具主要采用 Visual C + +，开发工作在 Windows 操作系统环境下进行，利用 Microsoft DirectX、Open GL 等提供的高性能图形图像底层开发接口设计情景创设、场景渲染和角色动画等核心模块。整个 SIDP 的工作流程如图 10—1 所示。

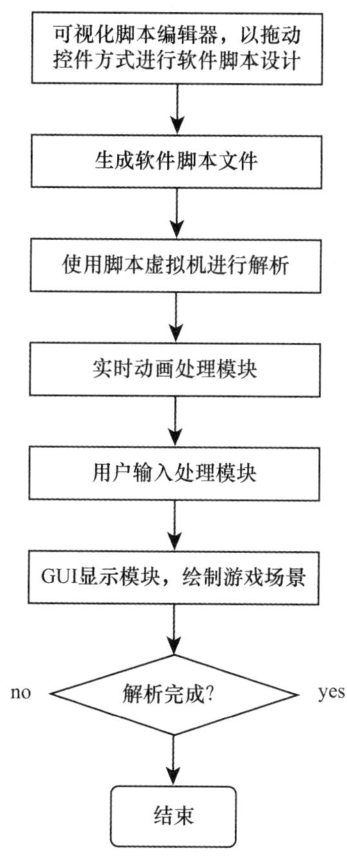

图 10—1　SIDP 情境教学软件开发引擎工作流程图

借助 SIDP 平台，在确定了教学案例，定义好各个教学场景的描述性脚本以后，通过开发引擎提供的技术接口或功能模块，借助资源库中的情境资源，就可以较方便地开发出具体的实验教学软件。实际应用表明，利用 SIDP 平台提高了实验教学软件开发的效率，降低了教学应用的难度，方便了教学软件的设计，其具有一定的推广和应用价值。

三　实验基本过程

思想政治理论课情境教学模拟实验作为理论教学的辅助手段，在总体教学过程上，二者是有机结合的，围绕实验的整个教学过程可以分为三个阶段：首先进行相关的理论教学，使学生了解或掌握基本的概念、理论、知识；其次针对理论教学的主要问题进行相应的实验；最后是教师结合每个学生的实验报告和所有学生的实验后台统计资料进行实验讲评，进一步明晰道理，拓展视域，强化理论应用能力。

实验的具体过程大致可以分为四个环节：首先，确认实验者身份，简要介绍实验背景，并通过特定的情境解析设定具体的实验目的或实验任务。其次，学生通过角色扮演和人—机互动的方式，参与到实验情境演绎的具体情节中去，并根据在完成任务时对特定情境中具体问题的不同选择或回答，引致案例发展有不同的过程和不同的结果。再次，通过对不同过程、不同结果的不同体验和比较反思，引导、启发学生对教学内容的体悟和理解，并提高学生在特定情境中分析、解决实际问题的能力。最后，要求学生在实验课后结合实验过程和实验结果，对其中的关键问题或主要选择，撰写实验报告，进一步阐释其支撑观点或如何应用理论。根据实验的复杂程度不同，上述前三个环节在不同项目的实

验中可以有多次反复。整个实验过程设计如图 10—2 所示。

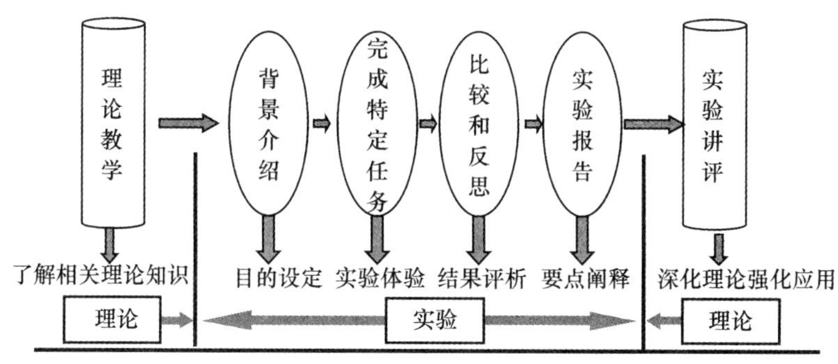

图 10—2　实验过程示意图

四　实验项目设计

几年来，我们陆续开发了《思想道德修养与法律基础》《马克思主义基本原理概论》《中国近现代史纲要》三门课的实验项目。思想政治理论课情境教学模拟实验内容应该针对教学大纲和教材的重点、难点、疑点问题，同时还要考虑到理论内容必须能够案例化、情境化。本着这一指导思想，我们在《思想道德修养与法律基础》和《马克思主义基本原理概论》两门课的实验项目设计中，主要围绕道德、法律、哲学三个方向来进行。其中，每个方向确定了 6 个实验项目，共设计并开出以下 18 个实验。

（一）思想道德方向实验项目

实验 1　实验名称：猴子的故事。实验主题：道德的起源与发展。实验目的：通过模拟实验，使学生在亲历的实践活动中了解道德的起源、冲突和重建，进而加深对道德本质的理解与思考。

实验 2　实验名称：与他/她相约。实验主题：恋爱观。实验目的：通过角色扮演的方式，引导学生们正确对待择偶，正确认识自我，避免片面或功利化地对待恋爱。

实验3　实验名称：拯救人质。实验主题：竞争与合作。实验目的：通过几种不同条件下的人质拯救行动，说明合作与竞争的基本特点和风险代价，并启发我们思考在现实生活中应该如何对待合作与竞争。

实验4　实验名称：阿欧街巷逸事。实验主题：公共道德。实验目的：通过特定情境下所面临的道德行为选择，考察并使学生感悟自己对有关社会公德的认知与行为态度。通过对具体问题以及不同结果的进一步剖析，启发学生反思社会公德选择的价值追求、判断逻辑和可能代价，提高学生的道德认知能力和道德实践能力。

实验5　实验名称：阿欧职业逸事。实验主题：职业道德。实验目的：通过特定职业情境下所面临的道德两难选择，考察并使学生感悟在面临职业道德冲突时如何进行道德判断和道德选择。通过对具体问题以及不同结果的进一步剖析，启发学生深入认识道德选择的判断逻辑、可能代价以及基本原则，提高学生的道德认知能力和道德实践能力。

实验6　实验名称：模拟人生。实验主题：人生价值。实验目的：通过对日常工作、生活的模拟，使学生体悟到：人生价值包含社会价值和自我价值两个方面；人生的价值在于创造价值，在一个相对公正的社会里，衡量人生价值的标准是对社会的贡献；评价人生价值的大小既要看绝对价值，更要看相对价值。

（二）法律基础方向实验项目

实验1　实验名称：和尚分粥。实验主题：程序公正与实体公正。实验目的：通过案例中规则的演化过程，使学生体验实体公正与程序公正的关系，明确只有程序公正才可能最大限度地保证实体公正。

实验2　实验名称：阿丹的职业生涯。实验主题：劳动法。实验目的：通过实验使学生比较系统地学习和掌握劳动法和劳动合同法的基本内容，特别是常见的容易引起劳动纠纷的法律规定。主要包括劳动就业、劳动合同、劳动保护、劳动报酬、工伤与保险、辞退与解聘等内容。

实验3　实验名称：阿欧创作风波。实验主题：知识产权法。实验目的：通过实验使学生比较系统地学习和掌握著作权法的基本内容，特别是常见的容易引起产权纠纷的法律规定。增强学生的知识产权意识，重视对自己作品原创性的保护，也尊重他人的基本权益。

实验4　实验名称：阿欧奇遇记。实验主题：民法。实验目的：通过实验使学生有重点地学习和掌握《民法通则》有关基本内容，特别是常见的容易引起争议的有关民事责任的有关法律规定。增强学生的民事责任意识，并学习运用法律武器来维护自身的合法权益，同时尊重他人的合法权益。

实验5　实验名称：阿欧的公共生活。实验主题：治安管理处罚法。实验目的：通过实验使学生有重点地学习和掌握《治安管理处罚法》的基本内容，特别是常见的容易引起法律纠纷的有关规定，增强维护社会公共安全、公共秩序、公共管理的意识，并学会维护自身合法权益，促进社会公共生活的稳定与和谐。

实验6　实验名称：阿欧试断家务事。实验主题：婚姻法与继承法。实验目的：通过实验使学生有重点地学习和掌握《婚姻法》《继承法》有关基本内容，特别是在婚姻和继承方面常见的容易引起争议的有关法律规定。增强学生的义务和权利意识，并学习运用法律武器来维护自身的合法权益，同时尊重他人的合法权益。

（三）哲学方向实验项目

实验1　实验名称：飞矢不动。实验主题：物质与运动。实验目的：通过案例使学生形象地认识运动的本质，物质与运动的关系，认识运动与静止的相对性，以及运动与时空的辩证关系，建立科学的物质观。

实验2　实验名称：生态迷宫。实验主题：联系与发展。实验目的：通过寻找美国黄石国家公园中欧洲山杨和柳树不断减少的原因，体验生态链的相互影响，理解事物的普遍联系和基本特点。

实验3　实验名称：趣说矛盾。实验主题：对立统一规律。实验目的：通过实验使学生形象地认识“矛盾”的性质，认识矛盾的普遍性与特殊性，认识对立与同一的辩证关系，并使学生在案例的分析中体验矛盾律即对立统一规律在实际生活中的运用。

实验4　实验名称：辩证与诡辩。实验主题：辩证法。实验目的：通过案例使学生直观地了解诡辩是一种歪曲的论证，实质体现一种形而上学式的思维方式；进而从反面认识世界的普遍联系和发展以及辩证法和辩证思维方式，并与诡辩论划清界限。

实验5　实验名称：风幡之辩。实验主题：认识论。实验目的：从风幡之辩中，思考同一论题下多种回答方案的可能性，体验不同的认识方法，理解唯物、唯心认识论路线之不同，体会不同情境下的认知意义。

实验6　实验名称：逃生选择。实验主题：价值选择。实验目的：从对不同逃生对象的审视，理解其蕴含的价值意义，提高价值判断能力或价值认知能力；从对不同逃生对象的选择，体验价值选择的意义，明晰特定情境下所秉持的价值选择标准；从案例提示的各种价值取向中，反思合理价值选择的原则，提高价值选择能力。从实验过程和统计结果中，反思社会生活中价值共识和价值多元的意义。

五　版本和方式设计

根据不同实验内容的具体特点，同时考虑到实验不同的应用条件，我们设计了三种不同的实验软件版本。一是单人单机版。即课件使用时不需要专门的服务器和数据库支持，只需将课件安装到普通的计算机上，或通过网络将课件下载到终端机上，就可以单人单机直接进行实验。其优点是课件使用简单方便，缺点是缺少不同实验者的统计比较，缺少人—人互动。这种版本在整个课件中很少（如“辩证与诡辩”“飞矢不动”等实验）。二是多人网络版。即课件使用时需要专门的服务器和数据库支持，需要多人同时在线通过网络终端机进行实验。其优点是多人同时互动，真实性和趣味性更强，缺点是对课件使用的硬件条件有一定要求，实验教学必须统一组织。这种版本在整个课件中也很少（如“拯救人质”“与他/她相约”等实验）。三是单人单机与多人网络通用版。即课件使用时既可以单人单机实验，但此种情况下缺少不同实验者的统计比较；也可以多人同时在线实验，此种情况下可以提供不同实验者的统计比较。其优点是对课件使用的硬件条件和实验组织要求比较灵活，具有广泛的适用性；缺点是缺少人—人互动。这类版本在整个课件中占大多数。

如何把握实验教学相对理论教学的频率和次数，我们认为首先应该考虑实验教学与理论教学的关系，同时兼顾不同学校的实验容纳条件。在思想政治理论课教学中，实验教学应该是对理论教学的一种重要辅助，但不应冲淡更不能取代理论教学。据此，应该把适当频次的实验教学穿插于理论教学之中，既充分发挥实验教学的作用和特点，又不能频次太高以致淡化理论教学。根据实践体会，同时参考相关的实验教学经验，我们认为实验课学时占教学总学时的10%左右比较合适，最高不宜超过15%。

由于不同学校的实验条件不同、对实验教学组织的要求不同，在具体实验应用中，根据实验场地的不同，我们设计了三种不同的实验组织方式：一是在学校公共机房统一安排实验课。目前各高校基本都具有较完备的公共机房，因而这种方式应该是大多数高校最可能采用的实验组织方式。但由于参加实验的学生人数多，公共机房容量有限，也可能有冲突，需要进一步协调。二是在思想政治理论课专用机房里统一安排实验课。这是比较理想的实验组织方式，既方便教师和学生，又方便实验教学组织，但需要一定的硬件投入和支持。三是在一般多媒体教室进行示范性案例教学。即在课堂教学中选定若干学生进行单人单机版的示范实验，其他学生进行观摩和讨论。这种方式不适合多人网络版实验，而且直接参与实验的学生很有限，但却可以随堂方便地组织进行，从试用情况看，通常要比一般的口授或视频案例教学效果好许多。

六　实验教学效果

深圳大学马克思主义学院从2007年初开始启动对德育情境教育模拟实验的探索和研发。前期进行了比较认真扎实的论证工作，并在充分论证的基础上向学校提出了本项目研发和成立研发工作室的专项报告，学校很快研究同意并给予了启动资金支持。2007年9月，项目组专程赴我国德育学科目前唯一的全国人文社科重点研究基地——南京师范大学道德教育研究所和我国情境教育开创者李吉林所在的南京情境教育研究所以及相关的软件和动漫公司，进行了专项调研。在广泛调研和充分论证的基础上，我们把本项目确立为高校思想政治理论课的重大教改项目和文科实验教学的创新项目。

在学校和相关部门的大力支持下，在全体研发人员的辛勤努力下，目前项目组已基本完成关键性技术突破和团队的打磨建设，并取得了阶段性成果。针对《思想道德修养与法律基础》和《马克思主义基本原理概论》两门课，截至 2010 年 10 月，已经研发出两套共 12 个可以实用的课件，并在一定范围进行了试用，取得了良好的反响。

2008 年 10 月初，在广东省教育厅组织的思想政治理论课专项评估中，专家组全体成员亲临实验室检查指导工作，广东省教育厅主管副厅长亲自上机进行实验操作，领导和专家们对我们的工作给予了充分肯定和鼓励。

2008 年 11 月，在“首届全国高校思想政治理论课案例教学研讨会”上，我校作为大会唯一的特邀专家介绍情况，并得到热烈反响，代表们普遍认为我们的探索“很有创新，很有前景”。与会的教育部思政司主管副司长高度评价我们开创了我国人文和德育学科没有实验教学、没有实验室的先河。

2009 年 9 月，受教育部社科司委托，高等教育出版社派专人来我校考察项目开展情况，并给予高度肯定和评价，希望我们加大工作力度，争取尽快在我校召开“全国高校第二届案例教学研讨会暨情境教学模拟实验观摩会”。

2009 年下半年，在《马克思主义基本原理概论》课的两个大班（约 300 学生）试开出教学实验课。从现场和问卷调查统计看，学生给予了积极肯定。如：对“高校思想政治理论课采用这种情境模拟实验教学方式”，选择“喜欢”和“很喜欢”的占80.77%；选择“不喜欢”和“很不喜欢”的占3.5%。对“把情境模拟实验教学引进高校思想政治理论课”，选择“有必要”和“很有必要”的占76.92%；选择“没必要”和“完全没必要”的占4.95%。对“你认为一门课教学中有几次实验课比较合适”，选择“2次”以上的占90.63%。

2010年上半年，在《思想道德修养与法律基础》课的3个大班（约400学生）试开出教学实验课，并取得较好效果。在试用的基础上，2010年上半年，开始在全校的《思想道德修养与法律基础》课教学中，全面开出了模拟实验课教学，并拟在总结经验和不断完善的基础上逐步规范化。

多年来，深圳大学在全校的《思想道德修养与法律基础》课和《马克思主义基本原理概论》课中，逐步推进情境教学模拟实验，从小范围的试用，到正式列入教学计划全面开设，并随堂对实验教学效果进行了问卷调查（调查对象为4774人）。从调查统计结果看，学生对思想政治理论课情境教学模拟实验给予了积极肯定和普遍认可。如对“高校思想政治理论课采用这种情境教学模拟实验方式”，选择“喜欢”和“很喜欢”的占88.5%，选择“无所谓”的占8.95%，选择“不喜欢”和“很不喜欢”的占2.51%；对“喜欢这种方式主要是因为”，选择“理论联系实际”的占75.94%，选择“融故事、动画、互动、趣味、知识为一体”的占83.04%，选择“增加现实感”的占72.69%；对“把情境教学模拟实验引进高校思想政治理论课”，选择“有必要”和“很有必要”的占91.8%，选择“无所谓”的占6.77%，选择“没必要”和“完全没必要”的占1.4%；对“你认为一门课教学中有几次实验课比较合适”，选择“2 次”及以上的占 85.77%，选择“1 次”的占 14.21%。

与此同时，我们还举行了《思想道德修养与法律基础》实验公开课，邀请学校督导室专家和有关职能部门领导进行检查指导，并进行了问卷调查。有关专家和领导对模拟实验也给予了积极肯定和普遍认可，调查统计如下（督导室专家 4 人、职能处室领导 3 人）（见表 10—1）：

表 10—1　专家领导对《思想道德修养与法律基础》课情境教学模拟实验调查统计表

序号	评价项目	优（人）	良（人）	中（人）	及格（人）	不及格（人）
1	实验主题、基本内容符合课程教学要求	7				
2	实验对学生有吸引力，学生对实验感兴趣	7				
3	实验内容贴近生活、贴近实际	6	1			
4	实验表现形式丰富、生动	5	2			
5	实验对问题的探讨深入浅出，有启发性	6	1			
6	实验把理论、实际、互动、趣味相结合	6	1			
7	实验能给予学生思考、联想、创新的启迪	4	3			
8	实验能调动学生情绪，课堂气氛活跃	3	3	1		
总体评价		6	1			

根据学生和有关专家、领导对实验教学的反馈，我们认为，思想政治理论课情境教学模拟实验之所以能够取得明显的教学效果，主要基于四点：其一，实验形式融思想知识性、情境直观性、互动体验性、故事趣味性于一体，形象生动又紧扣理论主题，“寓教于情”“寓教于境”“寓教于做”“寓教于乐”，从而对学生颇具吸引力，有利于调动学生的学习兴趣。其二，实验内容

尽量贴近生活、贴近实际，特别是面对许多两难或多难选择，更突出了现实冲突性，一定程度上打通了理论与实际的隔膜，提供了一条“让理论回归生活”的教学操作路径，从而更有利于理论联系实际，提高学生应用理论解决现实问题的能力。其三，实验过程始终伴随着学生的具体参与，并直接“导演”着实验主角的不同境遇和喜怒哀乐，很容易引发学生情感上的契合与共鸣，从而更容易获得一种感同身受的“体认”，这一定程度上正是思想政治理论课模拟实验不同于其他一般实验的一大特色。其四，实验结果具有多样性，对多样性实验结果的评价具有开放性，这种实验结果的多样性和实验评价的开放性有助于启发学生进一步思考、联想和创新，尽量减少或避免僵化思维，提倡具体问题具体分析。

思想政治理论课情境模拟实验的探索和实践初步表明，其理论基础是科学的，应用技术是可靠的，运作方式是合理的，教学效果是明显的，应用推广是可行的。当然，也存在一些具体问题，如学生反映互动方式还有些单一，人物形象和动画还有些生硬，节奏还有些慢等。这些不足主要属于软件开发的具体技术问题，可以在听取意见和积累经验的基础上不断改进、完善。尽管如此，我们所做的一切还只是一种初步尝试，我们期望有更多的同行加入，大家一起继续探索和实践，就像当年把只属于自然科学的实验科学引入社会科学一样，逐步把实验科学引入思想政治理论课。我们相信，只要承认思想政治理论课的科学性，就必须承认其客观性和实证性，而实验乃是科学实证的基本途径。

参考文献

一　著作类

程然：《情境教育的中国特色》，南京师范大学出版社 2016 年版。

房晓溪主编：《电脑游戏设计》，中国水利水电出版社 2007 年版。

胡斌武：《社会转型时期学校德育的现代化》，中央编译出版社 2006 年版。

黄向阳：《德育原理》，华东师范大学出版社 2002 年版。

教育部基础教育司：《中小学德育工作指南实施手册》，教育科学出版社 2017 年版。

李吉林：《情境教育精要》，教育科学出版社 2016 年版。

《李吉林文集》，人民教育出版社 2006 年版。

联合国教科文组织国际教育发展委员会：《学会生存——教育世界的今天和明天》，上海师范大学外国教育研究室译，上海译文出版社 1979 年版。

《马克思恩格斯列宁斯大林论德育》，四川人民出版社 1983 年版。

《马克思恩格斯选集》第 1—4 卷，人民出版社 1995 年版。

檀传宝等撰稿：《大众传媒的价值影响与青少年德育》，福建教育出版社 2005 年版。
汪凤炎等:《德化的生活：生活德育模式的理论探索与应用研究》，人民出版社 2005 年版。
王维:《科学基础论》，中国社会科学出版社 1996 年版。
《亚里士多德全集》，苗力田主编，中国人民大学出版社 2009 年版。
张万祥编著:《今天怎样做德育》，教育科学出版社 2014 年版。
赵宏义:《学校德育原理》，东北师范大学出版社 2015 年版。
郑金洲:《案例教学指南》，华东师范大学出版社 2006 年版。
中共中央宣传部编:《习近平总书记系列重要讲话读本》，学习出版社、人民出版社 2016 年版。
周辅成:《西方伦理学名著选辑》下卷，商务印书馆 1996 年版。
朱小蔓:《情感德育论》，人民教育出版社 2005 年版。
[美] 戴维 · 威勒:《实验设计原理》，重庆大学出版社 2010 年版。
[德] 伽达默尔:《真理与方法》，洪汉鼎译，上海译文出版社 1999 年版。
[美] 柯尔伯格:《道德教育的哲学》，魏贤超等译，浙江教育出版社 2000 年版。
[美] 玛 · 吉 · 纳特雷拉:《实验统计学》，毛镇道、蒋子刚译，上海翻译出版公司 1990 年版。
[美] 尼葛洛庞帝:《数字化生存》，胡泳等译，海南出版社 1999 年版。

二　文章类

安翔:《对高校文科实验教学的思考》，《高校实验室工作研究》

2007 年第 3 期。
高文:《情境学习与情境认知》,《教育发展研究》2001 年第 8 期。
李吉林:《谈情境教育的课堂操作要义》,《教育研究》2002 年第 3 期。
李吉林:《为全面发展探索一条有效途径》,《教育研究》1997 年第 4 期。
李政涛:《图像时代的教育论纲》,《教育理论与实践》2004 年第 8 期。
刘济良:《生命体验:道德教育的意蕴所在》,《教育研究》2006 年第 1 期。
刘惊铎:《体验:道德教育的本体》,《教育研究》2003 年第 2 期。
罗石:《"两课"社会实践可行性分析》,《思想理论教育导刊》2002 年第 1 期。
潘建红:《现代科技发展与道德教育重建》,博士学位论文,华中科技大学,2008 年。
沈建:《体验性:学生主体参与的一个重要维度》,《中国教育学刊》2001 年第 2 期。
宋广文、邢洪军:《"情"与"智"概念的相关研究及思考》,《心理学探新》2007 年第 2 期。
吴伟娜等:《计算机应用技术与现代化文科实验中心的建设》,《高校实验室工作研究》2010 年第 2 期。
徐婧:《青少年移情的道德教育价值初探》,《现代教育科学》2008 年第 4 期。
徐婷等:《大学文科实验教学研究》,《实验技术与管理》2006 年第 10 期。

杨嫚等:《建构主义视野下的大学文科实验实践》,《现代教育技术》2008 年第 9 期。

姚晓娜:《环境美德及其教育研究》,博士学位论文,华东师范大学,2012 年。

周宪:《视觉文化的转向》,《学术研究》2004 年第 2 期。

周晓文:《文科实验室面临的机遇与挑战》,《实验室研究与探索》2008 年第 7 期。

后　记

本书是深圳大学组织出版的《深圳大学文化发展建设实践丛书》之一，也是深圳大学党委书记刘洪一教授主持的教育部2017年度高校示范马克思主义学院和优秀教学科研团队建设重点项目“思想政治理论课教学改革研究”（项目批准号：17JDSZK037）的研究成果。为了总结梳理我校落实立德树人，加强和改进思想政治工作的做法和经验，探索在新时代下如何进一步加强和改进高校思想政治工作，在深圳大学党委书记刘洪一教授整体策划和具体领导下，组织编写了《立德树人：德育课情境模拟实验创新研究》一书，马克思主义学院罗石教授、傅鹤鸣教授、孙婷婷副教授等参与了书稿撰写工作。该书收集我校十几年来思想政治理论课情境模拟教学研究的相关部分成果，是深圳大学思想政治理论课情境模拟实验教学基础理论和实践探索的成果结晶，集中展现了深圳大学在思想政治工作方面进行的改革、尝试及其经验。多年来，深圳大学始终坚持马克思主义在思想政治工作中的指导地位，积极探索提高思想政治理论课教学效果的新路径、新方法，形成了以思想政治理论课情境模拟实验为核心的特色品牌，对我校大学生思想政治教育发挥了重要作用。

后　记

本书由理论篇和实践篇两部分组成，主要探讨思想政治理论课情境模拟实验的价值、依据、内涵、本质、类型、路径、方法等基础理论和实践问题，初步建构了思想政治理论课情境模拟实验研究的基本框架，以期更好地总结梳理经验，为推进思想政治理论课情境模拟实验教学的理论创新和实践发展，进一步提高高校人才培养质量提供参考借鉴。

从本书的编写中，我们深深感到，高校思想政治理论课教学应大胆创新，勇于尝试，不断探索新的路径和方法，我们会继续推动和深化思想政治理论课情境模拟实验的基础理论研究和实践探索，以适应新时代对高校思想政治工作和思想政治理论课建设的新要求。由于水平有限，书中难免有疏漏和不当之处，希望得到读者和从事高等学校思想政治教育研究方面专家们的指教。

本书编写组

2020 年 5 月 2 日